Gell Opa, wir küssen keine Weiber

Gell Opa, wir küssen keine Weiber

Neue Kindersprüche
rekordverdächtig präsentiert von
Pfarrer Hartmut Preß

Mit Illustrationen von
Klaus Müller

Claudius Verlag

Für unsere ersten Enkelkinder
Paula und Fritz
sowie für Bernd Mayer, ohne
den es die Bücher mit den
Kindersprüchen nicht gegeben hätte.

Die Deutsche Bibliothek – CIP-Einheitsaufnahme

Ein Titelsatz für diese Publikation ist bei
Der Deutschen Bibliothek erhältlich.

2. Auflage 2002
© Claudius Verlag München 2001
Birkerstraße 22, 80636 München
www.claudius.de
Umschlaggestaltung: Klaus Müller
Foto Rückseite: Esther Quicker
Satz: Stahringer, Ebsdorfergrund
Druck: Clausen & Bosse, Leck
ISBN 3-532-62269-6

Inhaltsverzeichnis

Vorwort 9

Kapitel 1
„Das sind Trickse, die Kinder erschrecken sollen"
Zum Beispiel die Drohung mit dem Nikolaus,
aber die Kleinen wissen sich zu wehren und
haben ihre eigenen „Trickse" 11

Kapitel 2
„Gell, Mama, das ist ein Kraftstall"
Damit verliert ein „Fitness-Center" einiges an Glanz.
Kinder bringen die Sachen auf den Punkt. Sie erfinden
neue Wörter und spielen mit der Sprache 19

Kapitel 3
„Der liebe Gott hat keine Zeit, der ist mit seiner Frau unterwegs"
Deswegen muss man sich eigenständig über
Unbegreifliches im Himmel und auf Erden seine
Gedanken machen 27

Kapitel 4
„Zum Glück habe ich keine Stressokokken"
Auch Kinder kennen sich im „Gesundheitsmagazin
Praxis" aus. Sie entdecken neue Krankheiten,
entwickeln eigene Heilmethoden und interessieren sich
für gesunde Ernährung 35

Kapitel 5
„Da kommt der Onkel Wodka"
Nach manchen Sprüchen herrscht betretenes Schweigen.
Die Erwachsenen wissen warum 41

Kapitel 6
„Wenn es regnet, duschen die Engel"
Naturwissenschaft und Sachlichkeit greifen zu kurz.
Die vierte Dimension muss her, dazu Poesie und Philosophie . . . 47

Kapitel 7
„Das Klo ist eine Oktave tiefer"
Andere würden sagen „einen Stock tiefer", aber wer
zu einer musikalischen Familie gehört, kann sich eben
anders ausdrücken. Um überraschende Einfälle
und Fragen sind Kinder nie verlegen 53

Kapitel 8
„Schau mal, der Pfau zeigt sein Geweih"
Zoologie ist nicht so einfach, da kann einem manches
durcheinander geraten – einfach tierisch! 59

Kapitel 9
„Der wackelt immer wie ein Wackelpudding, wenn ich ihn küsse"
Auch im Kindergarten blüht die Liebe – und die Originalität.
Die Sprüche in diesem Kapitel stammen alle von Kindern
des Erlöserkindergartens in Amberg 65

Kapitel 10
„Oma, sind Falten ansteckend?"
Zum Thema „Altwerden" gibt es noch weitere Fragen und
Beobachtungen. Omas und Opas sind aber auch sonst
beliebte Gesprächspartner 71

Kapitel 11
„Müde bin ich geh zur Ruh, schließe meine Autos zu
– und das Motorrad auch"
So werden Gebete aktualisiert. Ein Kapitel nicht nur
für Auto- und Motorradfahrer 79

Kapitel 12
„Ein Mann in der Wohnung stört doch nur"
Deswegen soll die Lieblingslehrerin nicht heiraten,
meint ein Bub. Zu den Themen „Mann–Frau",
„Beziehungskisten", „Geschlechterrollen" und „Aufklärung"
gibt es allerdings die verschiedensten Aussagen 85

Kapitel 13
„Du bist eine ganz normale Meckertante und keine Mutter"
Oft werden Kinder kritisiert, aber sie kritisieren zurück.
Sie verteidigen sich und erfinden Ausreden – zum Staunen! 91

Kapitel 14
„Ich will schicke Pampers anziehen"
Schon die Kleinsten sind mode- und vor allem selbstbewusst,
Gott sei Dank! Hoffentlich können sie sich auch
in Zukunft behaupten. 97

Kapitel 15
„Mama, warum fahren die Hähnchen Karussell?"
Im Angesicht einer Hähnchenbraterei kommen heiße Fragen.
In diesem letzten Kapitel wird alles „verbraten", was vorher
(sehr zu Unrecht!) noch keinen Platz gefunden hat 105

Vorwort

Jahrelang musste die Mutter um das Leben ihres schwer herzkranken Kindes bangen. Inzwischen geht es der Kleinen nach einigen Operationen Gott sei Dank wesentlich besser. Ein Brief jener Mutter hat mir den Anstoß gegeben, nach drei Büchern mit Kindersprüchen das vierte jetzt in Angriff zu nehmen. Die Mutter schreibt: „Vor drei Jahren schenkte mir eine Freundin das von Ihnen zusammengestellte Buch ‚Oma steht unter Naturschutz' als kleine Aufmunterung für trübe Stunden. Seitdem liegt es meist auf meinem Schreibtisch und hat schon sehr oft seine Pflicht erfüllt … Durch das Lesen des Buches wurde ich hellhörig für die Aussprüche unseres Kindes und fing an, einige aufzuschreiben … Ich möchte Ihnen herzlich danken, dass Sie diese Bücher herausgebracht haben. Die Kinder mit ihrer Unbefangenheit zeigen einem immer wieder, wie man das Leben nehmen soll."

Wenn Kindersprüche eine derart aufmunternde Wirkung haben, so dachte ich, dann will ich es noch einmal versuchen, eine neue „Sammelaktion" anzuregen. Ein Grundstock war schon vorhanden. Seit dem letzten Buch „Oma steht unter Naturschutz" waren immer wieder Briefe von Sylt bis Oberammergau bei mir eingetroffen, aber es fehlten noch mindestens 300 Sprüche für das geplante Buch. Ein entsprechender Aufruf über Presse und Rundfunk brachte ein überwältigendes Echo. In wenigen Wochen wurden mir über 700 Sprüche zugeschickt. Manche Einsenderinnen und Einsender stellten mir eigene Sammlungen zur Verfügung, ebenso Kindergärten in Amberg, Hallstadt und Naila. Die Inhalte reichen, wie ja im Folgenden zu lesen ist, von tiefsinnig hintergründigen Fragen und Gedanken über rotzfreche Bemerkungen bis zu witzig-originellen Wortspielereien.

Im Claudius Verlag sind jetzt über 1500 Kindersprüche veröffentlicht. Eine vergleichbare Sammlung hat es bisher wohl nicht gegeben, zumal es sich nicht um so genannte Kinderwitze handelt, sondern um kleine Begebenheiten, wie sie wirklich passiert sind. Auch im Internet ist eine Sammlung dieser Art und Größe nicht zu finden. Um das zu dokumentieren, habe ich die gesammelten Kindersprüche für das „Guinness-Buch der Rekorde" angemeldet. Damit soll nicht zuletzt die Publizität einer guten Sache gefördert werden. Mein Honorar stelle ich der Mutter-Kind-Klinik in Karatu/Tansania und anderen sozialen Einrichtungen zur Verfügung, die sich um Kinder und Jugendliche kümmern.

Wie schon bei den vorherigen Bänden gilt mein besonderer Dank Klaus Müller für seine unnachahmlichen Illustrationen sowie Bernd Mayer vom „Evangelischen Pressedienst" für entsprechende Artikel, die es erst möglich machten, dass viele Menschen bisher ungehobene Schätze aus Kindermund zu dem neuen Buch beisteuerten. Ein Dankeschön „so groß bis zur Sonne" (Kinderspruch) sage ich allen Frauen und Männern, die sich die Mühe gemacht haben, ihre Erlebnisse mit Kindern aufzuschreiben und wegzuschicken.

Wenn manche ihren Beitrag vermissen, dann werden sie ihn vielleicht im fünften Band mit Kindersprüchen entdecken. Wegen der erfreulichen Anzahl von Einsendungen war es nicht möglich, alle Sprüche in einem Buch unterzubringen.

Eines der ersten Wörter, das meine Enkelin Paula von mir als frischgebackenem Opa übernommen hat, lautet „Hoppala". Wenn etwas herunterfällt, wenn etwas schiefgeht, wenn jemand stolpert oder gar hinfällt, sofort lässt sie ein „Hoppala" (fränkisch „Hobbala") ertönen. Ist sie selbst die „Leidtragende", dann ist das „Hoppala" sofort verbunden mit der Anstrengung, aufzustehn und weiterzumachen. Im Zusammenleben mit Kindern – mit Erwachsenen natürlich auch! – geht es nie ohne Blessuren ab.

Ich wünsche Ihnen, liebe Leserinnen und Leser, zur rechten Zeit ein „Hoppala" und dass es gut miteinander weitergeht.

Hartmut Preß
St. Getreustr. 22a
96049 Bamberg

„Das sind Trickse, die Kinder erschrecken sollen"

Zum Beispiel die Drohung mit dem Nikolaus,
aber die Kleinen wissen sich zu wehren und
haben ihre eigenen „Trickse".

Man muss sich nur zu helfen wissen

Stefan sah am Himmel ein Flugzeug: „Papa, da ist ein Slugzeug." Papa erklärte ihm ein paar Mal: „Das heißt Flugzeug." Das wurde Stefan (2 1/2) schließlich zu dumm und er rief: „Ist ein Hubschrauber."

Tolerantes Paar

Für Tobias (5) steht fest: er heiratet Susanna, seine „Feuerwehrmannfrau", die immer mit einem Kuchen auf ihn wartet, wenn er vom Löschen zurückkommt, und die inzwischen auf seine Katze aufgepasst hat. Eigentlich wollte ich meinen „Feuerwehrmann" davon überzeugen, dass man im Sommer nicht mehr mit Socken ins Bett gehen braucht, aber ich kapituliere und sage nur: „Soll dir das eben später Susanna beibringen, bitteschön …" Tobias aber hat schon alles geregelt: „Weißt du, Mama, ich hab die Susanna schon gefragt. Die zieht im Sommer auch immer Socken ins Bett an."

Betteln verboten

Nach der Untersuchung beim Ohrenarzt lobt sich Michaela: „Onkel Doktor, ich war ganz lieb." „Du bist doch immer lieb", sagt der Arzt und streichelt sie. „Aber heute war ich besonders brav", betont Michaela, „und wenn ich besonders lieb war, hast du mir immer ein Bonbon gegeben –, aber meine Mami sagt, ich darf nicht betteln."

Mamas Lieblingsspeise

Rolf bekommt bei der Oma einige Pralinen geschenkt. Eine, so die Oma, soll er der Mama mit heimbringen. Als die Pralinen bis auf eben diese eine verzehrt sind, sagt Rolf: „Oma, meine Mama isst lieber eine Suppe."

Sparmaßnahme

Ich musste mit meinem Enkel Johannes (3 1/2) schimpfen: „Diese Verschwendung kann ich nicht dulden. Du isst die Wurst vom Brot herunter und lässt das Brot einfach liegen." Johannes verteidigte sich: „Aber Oma, ich helfe doch sparen, denn mit diesem Brot kannst du doch ein zweites Wurstbrot machen."

Verkehrte Welt

Frederik (5) wollte abends nicht ins Bett gehen. Ich sagte zu ihm: „Ich weiß, du bist nie müde." Er: „Doch, früh."

Dialektik

Christoph (1¹/₂) will seinen Pullover trotz Hitze nicht ausziehen. Mami: „Das ist doch zu warm!" Wütendes Gebrüll beim Entkleiden. Dann soll ihm ein Lätzchen umgebunden werden. Christoph protestiert: „Zu warm! Zu warm!"

Plastik-Mensch

Jochen (4¹/₂) zu Rainer (2¹/₂): „Wenn du jetzt nicht still bist, dann haue ich dich, dann hast du eine Platzwunde und kommst ins Krankenhaus und dann bist du tot." Rainer: „Jochen, das geht gar nicht, ich bin nämlich aus Plastik."

Geschmäcker sind verschieden

Beim Bäcker wünscht sich Angelika knallbunte Zuckerbonbons. Der Opa ist von der Wahl nicht so begeistert. „Das ist doch ein rechtes G'lump", meint er und überredet Angelika zu etwas anderem. Als sie sich das nächste Mal wieder etwas aussuchen darf, meint sie schüchtern: „Ich hätt' gern das, wo du gesagt hast, dass es ein rechtes G'lump ist."

„Maulwurf" im Kinderzimmer

Einmal durfte Tobias (3) bei seiner Tante übernachten. Aus Versehen zerbrach er einen Korkuntersetzer. Die Tante fragte: „Warst du das?" Tobias sagte: „Nein." Die Tante ging aus dem Zimmer. Als sie kurz darauf wieder hereinkam, sah sie, wie Tobias ein Stofftier in den Händen hielt und es erregt beschimpfte: „Du böser Verräter!"

Organisation ist alles

Anna will getragen werden: „Opa, tragen!" Opa: „Das geht net, ich hab den Kuchen und die Milch in der Hand." Anna: „Musst halt zweimal laufen."

Durstverbot

Am letzten Urlaubstag am Gardasee entschlossen wir uns, die letzten Lire restlos auszugeben. Das Geld reichte noch, um uns entweder etwas zu Trinken oder ein Eis zu bestellen. Wir entschieden uns für Eis. Die Bedienung fragte, ob es sonst noch etwas sein sollte. Unser Thorsten antwortete: „Ich hätte noch Durst, aber ich darf keinen Durst mehr haben."

Gottes Wege sind ergründlich

Simon möchte einen Kaugummi. Als ihn seine Mama auffordert, doch lieber ein Nickerchen zu machen, legt er sich auf die Couch, dreht und wendet sich hin und her und erklärt: „Ich glaub, der liebe Gott hat sich ausgedacht, dass man nach einem Nickerchen einen Kaugummi bekommt."

Ultimatum

Jochen (4), als etwas nicht nach seinem Kopf geht: „Mutti, wenn du jetzt nicht lieb bist, schreie ich ganz viel und höre nicht auf mit der ‚Warum-Fragerei'."

Sanfte Erpressung

Jochen (4¹/₂) wollte im Supermarkt unbedingt ein Auto haben. Ich erklärte, ohne besondere Anlässe wie Geburtstag oder Weihnachten könne man so etwas nicht kaufen. Darauf begann er diesen Dialog: „Du, Mutti, dann helfe ich dir mal was." „Ach so, du meinst, du möchtest dir etwas verdienen." „Muttile, wenn ich mal groß bin und ein Mann, dann lerne ich einen Beruf und verdiene Geld, und dann schenke ich dir mal was und kaufe dir mal ein Brot." „Oh, Jochen, das ist aber lieb von dir." „Aber, Mutti, wenn du mir kein Auto kaufst, dann lerne ich keinen Beruf und schenke dir nichts."

Panzer muss sein

Als Tobias (4) laut brummend auf allen Vieren zu mir krabbelt und dazu erklärt: „Jetzt bin ich ein Panzer", wehre ich ab: „Panzer, die Menschen überrollen und töten können, mag ich nicht." Tobias beruhigt mich: „Gut, dann bin ich eben eine Schildkröte mit Panzer."

Sparprogramm

Papi: „Stephan, gib Mami ein Küsschen." Stephan (2¹/₂): „Nee, Papi hat schon."

Längst durchschaut

David (6) ist der Meinung, dass sein Verhalten immer richtig sei. Als ich ihm sage, dass er gelegentlich etwas falsch mache und der demnächst erscheinende Nikolaus dies berücksichtigen werde, kontert der Knabe: „Das sind Trickse, die Kinder erschrecken sollen."

Schlag auf Schlag

Stephan (1³/₄) ärgert sich, weil Papi ihm einen Schlafanzug anzieht und haut ihm auf die Nase: „Bam!" Dann merkt er, dass das nicht so ganz richtig war, und ist leicht verlegen. Das Zuschlagen muss legitimiert werden. Er schaut Papi aufmerksam ins Gesicht: „Mücke suchen." Und dann haut er noch einmal: „Bam!"

Mit vollem Munde spricht man nicht

Stephan (3) hat ein nasses Höschen. Er erklärt: „Ich konnte dir nicht sagen, dass ich Pipi musste, weil ich ein Kaugummi im Mund hatte."

Geniale Antwort

Alexander beim Nachtisch. Er isst einen Keks und will noch einen nehmen. Die Erzieherin meint: „Einer reicht aber." Alexander: „Mir reichen auch zwei."

Warten auf den Frühling

Januar. Jochen (3) will nicht aufräumen und ich äußere meinen Unmut. Jochen: „Warte nur, im Frühling bin ich wieder lieb."

Helfersyndrom

Anna (4) zieht sich alleine an. Der Papa wird ungeduldig und fragt: „Soll ich dir helfen?" Sie empört sich: „Siehst du net, dass des ein Pulli is, der leicht anzuziehen ist?!"

Diebstahl essen Früchte auf

Laurent (3) pickt im Nachtischteller des Vaters in den Früchten. Der Vater: „Aha, das ist ja Diebstahl!" Laurent: „Ich möchten Diebstahl essen."

Hauptsache feierlich

Bei feierlichen Anlässen und bei Beerdigungen spielt in unserem Dorf der Posaunenchor, das weiß auch unser Nachbarsjunge. Einmal sitzt er auf dem Fensterbrett, das Fenster ist offen und er lässt seine Füße nach außen baumeln. Die Mutter kommt dazu und reißt ihn erschrocken weg: „Was machst du denn, wenn du runterfällst?" „Das macht doch nichts, dann kommt der Posaunenchor."

Oma Karl

Karl (3) ist im Bad und plantscht im Waschbecken herum. Der Mutter passt das nicht. Sie sagt, er solle aufhören, es werde ja alles nass. „Außerdem sind deine Hände ja sauber, du brauchst sie nicht waschen." Karl überlegt, dann geht er vor die Wohnungstür, macht mit den Lippen das Klingelgeräusch, kommt herein und verkündet: „Ich bin die Oma, ich hab' im Garten gearbeitet, ich muss mich waschen."

Rausflug gescheitert

Wir sind mit einer befreundeten Familie in einem gemütlichen Landgasthaus zum Mittagessen. Die vier Kinder sind recht unruhig, besonders unser Jüngster. Der wird von Papa mehrfach ohne erkennbare Wirkung ermahnt. Wir haben bereits die Aufmerksamkeit des Nachbartischs hervorgerufen. Da sagt der Papa: „Wenn du jetzt keine Ruhe gibst, fliegst du raus." Darauf der Dreijährige: „Ich hab aber keine Flügel."

„Gell, Mama, das ist ein Kraftstall"

Damit verliert ein „Fitness-Center" einiges an Glanz.
Kinder bringen die Sachen auf den Punkt. Sie erfinden
neue Wörter und spielen mit der Sprache.

Auf den Inhalt kommt es an

Ilona lernt es nach und nach, die Kleidungsstücke mit den entsprechenden Begriffen zu bezeichnen. Beim BH blieb sie aber bei ihrer eigenen Version: „Das ist ein Brustbehälter."

Tolle Leistung

Am Fernseher verfolgt Simon (3) die Tour de France. Er sagt, was ihn besonders beeindruckt: „Die fahren alle ohne Stützräder!"

Schnüffler

Zur Weihnachtszeit gab es bei meiner Freundin eine besondere Einladung. Sie hatte Kostproben verschiedenster Stollen aus ihrer Verwandtschaft bekommen und wir probierten und testeten deren Geschmack. Bei einem schmeckte ein Gewürz besonders heraus, wir rätselten herum, welches Gewürz das sein könnte. Da schaltete sich der kleine Sohn der Freundin ein: „Das sagen wir einmal unserem Nachbarn. Der wird schon herausbringen, was das für ein Gewürz ist. Der war doch bei der Kriminalpolizei."

Sparschwein

Ich ließ Frederik (2¹/₂) ein Zwei-Mark-Stück in den Parkautomaten werfen. Beim nächsten Parkautomaten sagte er: „Mama, da ist noch so eine Sparbüchse."

Big Mother

Für einen Bericht im Fernsehen musste mein Mann seinen Text mehrmals wiederholen. Meine Mutter meinte, sie stelle es sich schwierig vor, vor der Kamera zu reden. Unser Sohn Joachim (12) sah das anders: „Ach Oma, das hat die Mutti dem Vati schon beigebracht in all den Ehejahren."

Die Ärmel der Hose

Draußen ist schönes Wetter. Selina sagt: „Ich ziehe heute meine kurzärmelige Hose an."

Nomen est omen

Thomas (4) ist in ein Gespräch über die Berufe der Väter verwickelt. Dabei erfährt er, dass sein Vater Angestellter ist. Thomas: „Na, da hat er wohl was angestellt."

Schnüffler

Aquarium auf deutsch

Jonathan (5) sieht in einer Gaststätte ein Aquarium. Fasziniert fragt er: „Mama, kaufen wir auch so einen Fischstall?"

Büroarbeit

Opa fragt am Telefon: „Wo ist denn der Papa?" Johannes: „Droben im Büro." „Was macht er denn da?" „Bürodern."

Beinlicher Knoten

Mit den Nachbarskindern spiele ich manchmal „Mensch ärgere dich nicht". Einmal brauchte die kleine Anna (4) sehr lange, bis sie richtig auf dem Stuhl saß. Wir fragten, was denn los sei. Antwort: „Ach, meine Beine waren verknotet."

Früherkennung

Isa (1) liegt auf dem Wickeltisch. Ihre Unterlage ist eine Decke mit vielen bunten Bildern. Sie deutet auf einen Affen: „Papa!"

Anatomisches Wunder

Ich hole Matthias (4) vom Kindergarten ab. Auf dem Parkplatz steigt eine Frau mit rotem T-Shirt ins Auto, ihr nackter Rücken ist zu sehen. Matthias aufgeregt: „Mami, guck mal, bei der Frau hängt hinten die ganze Brust raus."

Weltschmerz

Inke (6) stößt kurz nach Schulbeginn den Stoßseufzer aus: „Die Schule versaut mir mein ganzes Leben."

Maxispange

Mit Elias (6) betrachte ich ein Buch, in dem eine Harfe abgebildet ist. Ich frage: „Kennst du dieses Instrument?" „Ja, das ist eine Haarspange."

Schutzbrille

Antonia (3) ist bei der Oma zu Besuch. Sie schaut zu, wie die Oma mit der Kreissäge arbeitet. Nach einer Weile sagt sie: „Ich muss meine Sonnenbrille holen, die Oma macht so einen Lärm."

Geflugzeugt

Papa kommt von einer Flugreise zurück. Franziska: „Gell, Papa, du bist geflugzeugt."

Gähnende Augen

Markus (4): „Meine Augen gähnen schon, aber mein Mund noch nicht."

Brautkleid Marke Eigenbau

Simon (2½) betrachtet die Hochzeitsbilder der Eltern. Entsetzt ruft er: „Papa, Mama hat ja unseren Vorhang an."

Neue Sorte

Wir haben uns ein altes Haus mit Garten „ausgeguckt". Rainer (3) ist begeistert: „Oh, da pflanzen wir einen Kartoffelbaum."

Babyknigge

Danilo (2½) erzieht seinen kleinen Bruder: „Essen und wieder rausspucken, Valentin, so gehört sich das."

Jenaer Glas

Ein Beitrag aus der Heimat- und Sachkunde in der Grundschule: „Um Glas herzustellen, braucht man Jena."

Schluss mit Vegetarisch

Papa übt mit Isa (3) das Lied „Backe, backe Kuchen". Er beginnt, und sie soll ergänzen. „Backe, backe ...," „... Kuchen." – „Der Bäcker hat ..." „... gerufen." – „Wer will guten Kuchen ..." „... backen," – „der muss haben ..." „... Wurst!!!"

Altersteilzeit

Auf dem Spielplatz erzählt ein Mädchen stolz: „Ich bin vier Jahre alt." Stephan (2½): „Ich bin halb fünf."

Gesichtsoperation

Carolin (3): „Mama, was macht der Papa da?" „Er rasiert sich." „Quatsch! Der schneidet doch bloß die Fäden ab."

Kraftstall

Benjamin (4) geht mit seiner Mama an einem Fitness-Center vorbei. „Gell, Mama, das ist der Kraftstall?"

Kritischer Fall

Nicki kauft mit Mama in der Drogerie ein. An der Kasse fällt eine Packung Damenbinden herunter. Nicki: „Lass mal Mama, ich heb dir deine Perioden schon auf."

Ohne Apfel kein Leben

Seit Tagen hat Lucia (5) im Unterkiefer einen Zahn, der fürchterlich wackelt. Als er nur noch an einem Faden hängt, packt die Oma den Zahn und zieht ihn heraus. Nach dem ersten Schreck sagt Lucia: „Oma, du hast mir das Leben wiedergebracht, ich konnte schon keinen Apfel mehr essen."

Nackte Männer

Mit meiner Enkeltochter Paula ($1^3/_4$) schaute ich mir die etwa drei Meter großen Plastiken des Igor Mitoraj an, eine Gruppe nackter Männer. Die Kleine, ein wandelndes Windelpaket, deutete mit ihren Fingerchen auf die unverhüllte Männlichkeit und sagte: „Schau mal, Opa, … Männer … keine Windeln!"

Kloß à la Melissengeist

Als unsere Tochter Monika etwa drei Jahre alt war, lief im Radio zum x-tenmal die Werbung für „Klosterfrau Melissengeist". Bei Monika zeigte die Sendung Wirkung, allerdings etwas anders als von der Werbung gedacht: „Mama, machst du einmal den ,Kloß-der-Frau-Melissengeist'?"

Noch einmal von vorne

Julius ist frech zu mir, meint aber, er könne nichts für seine Frechheit, er wäre so geboren. Darauf Elias (6): „Julius, du kannst dich doch wieder zurückbohren."

Doofes Spiel

Enkel Niko (4) zur Oma: „Ich geh nie mehr zum Fußballtraining, die haben ja nur einen Ball."

Frühlingsanfang

Mama bringt ihrem Markus (7) die Jahreszeiten bei und auch die Tage, an denen Frühling und Sommer beginnen. Markus ist stolz auf das Erlernte, und beim nächsten Besuch verkündet er der Oma: „Pass auf Oma, am 21. März ist Februar."

Fließendes Wasser

Meine Tochter (3) fragte mich in einem Gasthaus nach der Toilette: „Wo ist denn da die Bächleinhalle?"

Urlaub auf Fränkisch

Zwei Vorbemerkungen: 1. Der Franke spricht statt „K" ein „G". 2. In einem Gasthaus, das gleich eine Rolle spielt, heißt die Wirtin „Greta". Zur Geschichte: Im Kindergarten kommt ein Mädchen aus dem Urlaub mit den Eltern zurück. Auf die Frage „wo wart ihr denn im Urlaub?" kommt die Antwort „auf Kreta". Darauf meldet sich ein Junge (4): „Wir waren auch bei der Greta und haben Brotzeit gemacht."

„Der liebe Gott hat keine Zeit, der ist mit seiner Frau unterwegs"

Deswegen muss man sich eigenständig über Unbegreifliches
im Himmel und auf Erden seine Gedanken machen.

Vaterunser-Kuh

Meine Kinder (3 und 5) waren im anstrengenden Fragealter, als wir einen Bildband über die Mosaiken von Ravenna betrachteten. Zu jedem Detail gab es Fragen. Beim Symbol des Evangelisten Lukas, dem Stier, meinten sie: „Und das ist wohl eine Vaterunser-Kuh?"

Höchstes Image

Am Sonntag war die Taufe des kleinen Jonas. Tobias (3) schaute interessiert zu. Als die Feier zu Ende war und der Pfarrer aus der Kirche ging, fragte mich mein Sohn: „Mama, wo geht denn jetzt der liebe Gott hin?"

Beruferaten

Thomas betrachtet im Fernsehen einen Bischof mit weißer Mitra, wie er mit den Abendmahlsgeräten hantiert. Thomas (4): „Ist das der Pfarrer oder ist das der Koch?"

An ihrem Kopf sollst du sie erkennen

Auf dem Spielplatz fragt Melissa (8, kath.) ihre Cousine Bianca (8, ev.): „Wie erkennt man den Unterschied zwischen einem Katholischen und einem Evangelischen?" Die Antwort bringt ein bislang unbekanntes konfessionelles Unterscheidungsmerkmal: „Man erkennt einen Katholiken an seinem länglichen Kopf und einen Evangelischen an seinem runden Kopf."

Augenzeugin

Jonathan (5) zu seiner Mutter: „Wenn du gestorben bist, besuchst du mich mal vom Himmel und sagst mir, ob es im Himmel wirklich so schön ist."

Wahlkampf im Himmel

Nach der Stadtratswahl will Karl (3) ganz genau wissen, was da gemacht wird. Die Mutter erklärt ihm so gut es geht, wie gewählt wird und welche Aufgaben Stadträte haben. Nach einiger Zeit fragt Karl: „Und wie wird der liebe Gott gewählt?"

Gott und die Welt

Iris (8): „Wenn die Welt nicht wäre, müsste Gott nicht sein."

An ihrem Kopf sollst du sie erkennen

Vorsicht Falle

Johanna (2) sieht einen Hubschrauber und ist sehr besorgt: „Mama, der Hubschrauber macht doch ein Loch in den Himmel und dann fällt der liebe Gott heraus."

Himmel ohne Kreuz

Mit meiner Enkelin Anna Maria (4) war ich auf dem Friedhof, wir saßen auf einer Bank unter dem großen Kreuz. Sie wollte wissen, weshalb dieser Mann ans Kreuz genagelt ist. Ich sagte: „Jesus ist für die Sünden der Menschen gestorben und passt jetzt im Himmel auf alle auf." Anna Maria: „Im Himmel möchte ich auch sein, aber nicht ans Kreuz genagelt."

Konfessionelles

Bei einem Besuch in München kam das Gespräch mit unseren Verwandten auf die Konfessionszugehörigkeit der einzelnen Familienangehörigen. Unser Neffe Clemens (3) war brennend interessiert. Mama und Papa waren katholisch, Oma und Opa ebenso, nur Tante Claudia war evangelisch. Er dachte angestrengt nach, schließlich die Frage: „Und was ist der liebe Gott für einer?"

Allmächtiger

Karli (5) und Maria (4) sprechen wieder mal über den lieben Gott. Maria: „Der kann alles." Karli: „Ja, der kann auch mit einem stumpfen Messer irgendetwas abschneiden."

Schöne Immobilie

Im Oberfränkischen wird ein Pfarrer nach langjähriger Tätigkeit verabschiedet. Auch die Schulkinder sind dabei. Unter zwei Erstklässlern entwickelt sich folgender Dialog: „Hast schon gehört, der Pfarrer geht fort?" „Ja, was macht er denn da mit seiner Kirche?" „Na, die wird er halt verkaufen."

Jesus allein zu Haus

Die Kinder erzählen vom Pfarrer. Vati hat nicht recht hingehört und fragt, ob der Pfarrer im Kindergarten gewesen sei. Jochen (5): „Aber Vati, das geht doch gar nicht, dann ist doch der Jesus in der Kirche allein."

Tierisches Dogma

Die Kinder lernen das Sich-Bekreuzigen. Ein kleiner Jung betet laut: „Im Namen des Vaters und des Sohnes und der sieben Geißlein. Amen."

Vater auf Reisen

Mein Mann war im Krieg gefallen. Ich hatte den Kindern erklärt, ihr Vater sei im Himmel. Mein kleiner Sohn wurde, als er zur Schule kam, von den anderen Buben gehänselt: „Du hast ja keinen Vater, der ist ja tot." Er darauf in aller Ruhe: „Mein Vater ist nicht tot, mein Vater lebt zur Zeit im Himmel."

Dialog statt Gewalt

Marius (5) spricht viel über Totsein, Gott und Jesus. Einmal sagt er: „Aber den Jesus hätten sie nicht gleich töten brauchen, sie hätten doch auch mit ihm reden können."

Bier statt Manna

Simon (2) hat zusammen mit seinem Papa die Kirche aufgesperrt und anschließend in der Hütte daneben Chipstüten und Bierflaschen entdeckt. Am Tag darauf berichtet er seiner Mama noch vor dem Aufstehn: „Mama, der Papa hat die Girche aufdesliest, weil der liebe Dott teinen Slüssel hat … der liebe Dott hat fei Siepse und Bier." (Mama, der Papa hat die Kirche aufgeschlossen, weil der liebe Gott keinen Schlüssel hat … der liebe Gott hat Chips und Bier.)

Schutzengel nach Maß

Christian (6): „Jeder hat seinen Schutzengel. Ist meiner genauso groß wie ich?"

Der liebe Gott und seine Frau

Auf der Autofahrt nach Kulmbach regnete es und gleichzeitig schien die Sonne. Melanie: „Das gibt gleich einen Regenbogen." Luisa ergänzt: „Den macht der liebe Gott." Dann, als sich nichts tut in Sachen Regenbogen, wird sie ungeduldig: „Na, mach zu, du Schlafer!" Papa erklärt, dass der Regenbogen ein Geschenk des lieben Gottes sei. Er mache ihn, wenn er Zeit und Lust dazu habe. Luisa: „Der hat keine Zeit, der liebe Gott. Der ist mit seiner Frau unterwegs."

Deutsche Christin

Meine Enkelin war nicht als Baby getauft worden. Nach Ansicht der Eltern „sollte sie einmal selbst entscheiden". Kurz vor der Einschulung entschloss man sich aber doch zur Taufe. Am Tag davor fragte ich Franziska: „Morgen wirst du ja getauft. Wirst du nun katholisch oder evangelisch?" Ganz entrüstet kam die Antwort: „Nein! Deutsch!"

Kirchensprache

Christina (6) erzählte mir, dass ihre Oma drei Sprachen könne. Ich staunte und fragte, welche Sprachen das seien. Sie sagte stolz: „Deutsch, Tschechisch und Katholisch."

Blick ins Jenseits

Wenn wir zu Besuch bei unseren Kindern sind, ist ein Gang auf den Friedhof zur Pflege des Familiengrabes selbstverständlich. Immer dabei ist die Enkeltochter. In der Nähe des Grabes befindet sich die Leichenhalle. Während meine Frau das Grab richtet, sieht die Enkelin, wie am Leichenhaus die Türe aufgeht und ein älterer Mann herauskommt. Sie schmiegt sich an die Großmutter und flüstert ihr ins Ohr: „Schau mal hin, da kommt ein Auferstandener!"

So fängt man den lieben Gott

Ein Bub kommt aus dem Kindergarten und trifft den Pfarrer vor der Kirche. Der Kleine fragt: „Wem gehört das Haus?" „Dem lieben Gott." „Wo ist der?" Der Pfarrer versucht „kindgemäß" zu erklären: „Er ist um uns herum wie die Luft. Er ist aber auch in uns wie Luft, wenn wir einatmen." Triumphierend unterbricht ihn der Kleine: „Wenn ich die Luft anhalte, dann ist er gefangen!"

Warum es Gott so schön hat

Christian (6): „Der liebe Gott ist der Schönste, der Liebste und der Gesündeste. Er hat's schön, er braucht nicht beerdigt werden."

Mach mal Pause, lieber Gott

Christian (6): „Der liebe Gott ist nie müd, er ist immer Tag und Nacht bei sich, er braucht nicht schlafen. Aber einen Mittagsschlaf kann er schon machen auf den Wolken."

Konfession light

Livia, ev., geht mit ihren Eltern (Vater, kath., Mutter, ev.) abwechselnd in beide Kirchen. Einmal fragt die Oma: „Na, Livia, in welcher Kirche gefällt es dir am besten, in der evangelischen oder in der katholischen?" Die Antwort kam sofort: „In der evangelischen." „Ja, und warum?" „Weil man in der katholischen viel mehr arbeiten muss." – Gemeint war: Weihwasser nehmen, sich bekreuzigen, knien ...

Himmlische Tanten

Im 1. Weltkrieg war die Versorgungslage sehr schlecht, so kamen häufig Verwandte zu uns aufs Land, um sich satt zu essen. Darunter waren einige ältere Damen, die sich durch aufdringliche Zärtlichkeiten bei uns Kindern beliebt machen wollten. Das war uns äußerst unangenehm. So betete meine kleine Schwester abends inständig: „Lieber Gott, bitte, kannst du nicht all die liiieben Tanten in deinen sööönen Himmel nehmen?"

Heiliger Abend mit Bart

Beim Heiligabend-Gottesdienst bittet der Pfarrer um drei Minuten Stille zur Besinnung. Stephan (2) durchbricht dieses Gebot lautstark für eine wichtige Verkündigung: „Papi hat Bart. Papi muss rasieren."

Brief an den lieben Gott

Sarah-Marie (7) aus den USA ist mit ihrer Mutter für längere Zeit zu Besuch bei den Großeltern. In den ersten 14 Tagen leidet sie sehr unter Heimweh und Sehnsucht nach dem geliebten Papa. In ihrem Tagebuch findet sich ein Brief an den lieben Gott: „Lieber Gott, ich habe ein Problem, kannst du mir helfen? Immer wenn meine Mama weggeht, muss ich so sehr weinen. Schreib mir bitte auf die andere Seite, aber erst, wenn die anderen schlafen!"

„Zum Glück habe ich keine Stressokokken"

Auch Kinder kennen sich im „Gesundheitsmagazin Praxis" aus.
Sie entdecken neue Krankheiten, entwickeln eigene Heilmethoden
und interessieren sich für gesunde Ernährung.

Süßer Fall

Vera kommt aufgeregt nach Hause. Sie hat soeben den Radunfall ihrer Oma miterlebt, die einen starken Bluterguss erlitten hat. Vera schreit und berichtet: „Die Oma ist vom Rad runtergefallen und jetzt hat sie einen gscheiten Zuckerguss."

Billige Patientin

Anna (3) zieht sich im Kindergarten ihren Schal an und gibt mir die Mütze: „Den Schal brauch ich, weil ich Halsweh hab. Die Mütze brauch ich net, weil ich kein Kopfweh hab."

Schwarzer Humor

Wir waren eifrige Pilzsucher. Manchmal hatten wir auch über die Gefahren giftiger Pilze gesprochen. Wieder einmal gab es eine Pilzmahlzeit, nur die kleine Katrin wollte nicht mitessen. Da sagte der vier Jahre ältere Michael: „Ess lieber mit, sonst bleibst du allein übrig."

Schluss mit Zahnarzt

Christian (7) auf dem Weg zum Zahnarzt: „Mama, ich hab euch arg lieb und ihr sollt recht lang leben. Aber wenn ihr einmal gestorben seid, geh ich zu keinem Zahnarzt mehr."

Schnaps, das war ihr erstes Wort

Rebekka (4) hat einen kleinen Bruder bekommen. Wenn sie ihn im Krankenhaus besuchen will, muss sie sich die Hände erst mit Alkohol einreiben. Sie begrüßt die Schwestern bei einem Besuch: „Kann ich bitte den Schnaps haben?!"

Höchste Alarmstufe

Von Blähungen geplagt stellt David (6) fest: „Jetzt brauchen wir bald eine Atemschutzmaske."

Neue Sucht

Der Lehrer in Franziskas Klasse (8.) spricht über Drogen. „Welche Süchte kennt ihr denn?" „Alkoholsucht." „Nikotinsucht." „Fernsehsucht." „Computerspielsucht." „Kaufsucht." Ein Schüler sagt allen Ernstes: „Gelbsucht."

Auf die Ernährung kommt es an

Thomas (4): „Wenn ich tüchtig Bauernbrot esse, werde ich einmal ein tüchtiger Bauer."

Wo das Lachen sitzt

Jochen (3): „Mutti, sind da die Stimmbänder?" Er zeigt auf den Hals. „Und wo sind die Lachbänder?"

Gesunde Ernährung

Wolfgang (7) lag mit Fieber und Erkältung im Bett. Der Arzt kam und verlangte einen Löffel, um ihm besser in den Hals schauen zu können, danach die Frage: „Spürst du etwas?" „Ja, der Löffel war kalt." Weitere Frage: „Hast du Appetit?" „Wenn es etwas Gutes gibt, esse ich schon."

Dosiertes Waschen

Michael (6) wäscht sich und ermuntert sich selbst: „Das Gesicht am besten, weil da schaut jeder hin."

Weihnachtsgrippe

Zu Weihnachten hatte ich eine große Krippe aufgestellt. Oft haben wir die Figuren betrachtet und Lieder dazu gesungen. Einmal konnte ich wegen einer Grippe nicht beim täglichen Spaziergang mitgehen. Unsere Zweijährige wurde unterwegs gefragt: „Wo ist denn heute dein Papa?" „Der ist daheim, der ist krank." „Was hat er denn?" Das Wort fiel ihr nicht ein und Krippe und Grippe gingen ihr auch durcheinander und so sagte sie: „Er hat … äh … ihr Kinderlein kommet."

Soße des Grauens

Es gibt Reis mit Entensoße, in der Beifuß zu sehen und zu schmecken ist. Meike (5): „Was ist denn das für eine furchterregende Soße?"

Vitamine müssen sein

Eva (5) will den Salat nicht essen. Bruder Matthias (4): „Eva, den musst du schon essen. Das, was schlecht schmeckt, sind die Vitamine."

Apparate-Medizin I

Unser Enkel Benjamin war vom Sessel gefallen und hatte sich eine Platzwunde zugezogen. Der Onkel erklärte: „Das müsst ihr nähen lassen, aber gleich." Dem Kleinen wurde alles erklärt, dass man nun ins Krankenhaus fahren müsse, da werde er gut versorgt und es tue auch gar nicht weh. Er ließ das alles über sich ergehen, erst auf der Fahrt im Auto fing er an zu jammern. Seine Mama fragte: „Warum weinst du denn, du warst doch eben noch so tapfer?" „Ja, Mama, aber mein Kopf passt doch gar nicht in die Nähmaschine."

Apparate-Medizin II

Marlene (2) liegt nach ihrer Herzoperation auf der Intensivstation und betrachtet den Bildschirmschoner des Computers, der neben ihrem Bettchen steht. Da kommt der Professor mit der Frage: „Na, Marlene, wie geht's dir denn?" Die Antwort kommt sofort: „Dein Fernseher geht net."

Beinahe explodiert

An diesem Tag ging mir mein Söhnchen Hartmut (4) maßlos auf die Nerven. Ich hatte sehr viel zu tun und er stellte in der Küche alles an, was er nicht sollte. Schließlich packte ich ihn und schob ihn hinaus: „Schluss jetzt, Feierabend! Ab ins Wohnzimmer, und komm mir ja nicht mehr in die Küche!" Ich war richtig in Fahrt. Er rannte raus in die Diele, warf sich auf den Boden und brüllte, so laut er konnte. In diesem Augenblick kam mein Mann heim: „Ja, was ist denn passiert?" Darauf Hartmut unter herzzerreißendem Schluchzen: „Die Mami platzt."

Punktgenaue Diagnose

Jochen (4) fasst sich ständig an den Hals. Auf meine Frage, ob er Halsschmerzen habe, sagt er: „Ja, etwas, oben, hinten, geradeaus unten."

Gesundheitsmagazin Praxis

Im Kindergarten-Häuschen wird Doktor gespielt. Chan Lee: „Weißt du, wie man ganz schnell gesund wird? Wenn dir jemand jeden Tag eine Geschichte vorliest." Yannick: „Quatsch! Da braucht man Tee und Hähnchen."

Apparate-Medizin I

Immerhin

Sebastians Oma ist krank. Ich fragte ihn: „Ist deine Oma krank?" Antwort: „Sie lebt noch."

Von Fall zu Fall

Nina (3) hat Durchfall. Sie sitzt auf der Toilette und ruft: „Mami, komm schnell, ich hab einen Unfall."

Schadensbericht

Johannes (4) erklärt, warum er auch um 21.15 Uhr nicht einschlafen kann: „Mama, ich hab einen Schlafschaden."

Fremdkörper in Bauch

Als Friedrich (4) von einer Grippe genesen war, erzählte er: „Gestern hab ich eine Krippe im Bauch gehabt, da war ein Öchsle und ein Esele drin und ein Kamel."

Durst ist schlimmer als Heimweh

Ein Mädchen aus der Nachbarschaft (4): „Ich weiß nicht, was mit mir los ist. Wenn ich Limo sehe, habe ich Durst, und wenn ich keine sehe, habe ich auch Durst."

Stress-Erreger

Christoph (2) hat mit Bronchitis und Ohrenschmerzen zu kämpfen und schnappt einiges an medizinischen Begriffen auf, „Streptokokken" zum Beispiel. Er gibt diese Kenntnisse dann auf seine Art wieder: „Zum Glück hab ich keine Stressokokken."

Waschen muss begründet sein

Die Mutter ruft: „Jens, komm bitte ins Bad zum Waschen!" Jens: „Wieso, gehen wir zum Arzt?"

Kranke unter sich

Oma klagt über Rückenschmerzen. Consti (6) sagt: „Mir hat auch schon mal mein Bauchgelenk wehgetan."

„Da kommt der Onkel Wodka"

Nach manchen Sprüchen herrscht betretenes Schweigen.
Die Erwachsenen wissen warum.

Die Affen rasen durch den Wald

Stephan (3) hatte eine blühende Fantasie. So begleitete ihn auf den Spaziergängen der Familie auch oft eine imaginäre Affenherde, die von Baum zu Baum und von Haus zu Haus sprang. Als wir an einem Haus vorbeikamen, wo eine Frau aus dem Fenster schaute, war Stephan noch ganz mit seinem Spiel befasst und rief: „Schau mal, die Affen da oben!"

Schlimmes Wort

Miriam (3) sieht auf der Straße einen Hundehaufen. Sie zeigt ihn der Oma: „Das ist ein Hunde-a-a, Scheiße darf ich nicht sagen."

Papas stören nur

Der Vater war auf Dienstreise und nach der Rückkehr erzählte die Mutter, dass Karli schon alleine einkaufen war. Karli dazu: „Ja, Papa, du musst öfter verreisen, dann kommen wir schneller vorwärts."

Teure Wahrheit

Michaela lässt das Telefon fallen, es funktioniert nicht mehr. Die Mutter ruft den Störungsdienst an und schärft der Tochter ein, nichts über den Vorfall zu erzählen. Der Monteur kommt und beseitigt den Schaden. Kleinlaut fragt die Mutter: „Was bin ich schuldig?" Die erlösende Antwort: „Nichts, das fällt unter Kundendienst." Nun ist Michaela nicht mehr zu bremsen: „Na siehst du, Mutti, da hätten wir auch gleich sagen können, dass ich's runtergeschmissen habe."

Verständnis für Mama

Elke (4) tuschelte in meinem Beisein „heimlich" mit ihrer Freundin Petra: „Weißt, Petra, weil die Mama einen Vogel hat, darf ich keine Katze bekommen."

Knast-Tomaten

Jutta (4) war öfters bei ihrem Opa in dessen Gewächshaus und hörte, dass der immer von der Aufzucht seiner Pflanzen sprach. Im Spätherbst wollte Jutta gern Tomaten essen. Ich sagte: „Die Zeit für Tomaten ist vorbei, die wachsen und reifen nicht mehr bei uns." Jutta wusste es besser: „Aber warum denn nicht, Opa hat doch ein Zuchthaus."

Es weihnachtet sehr

Alle Jahre wieder gibt es im Schützenverein die Weihnachtsfeier und als Höhepunkt ein Weihnachtsspiel. Meine Schwester Karola als Regisseurin übt es mit den Kindern ein. Vor allem dem Daniel impft sie ein, dass er laut und deutlich sprechen muss. Diesmal wird aufgeführt: „Wie die Heinzelmännchen dem Christkind geholfen haben". Kurz vor Daniels großem Auftritt als Oberheinzelmännchen drückt ihn seine Blase. Er verlässt die Bühne und meldet sich, so wie er es gelernt hat, bei der Regisseurin im Rückraum laut und deutlich ab. Auch die in der letzten Reihe dürfen mithören: „Karola, ich muss an Wiss!"

Zum Reinbeißen

Tischgespräch. Tobias (3): „Ich hab noch Hunger, ich will ein Schwein fressen – komm her, Mami …" „Aber ich bin doch kein Schwein!" „Doch, du bist so schön rosa."

Was Mutti immer trinkt

Im Supermarkt an der Kasse, eine lange Schlange, alle hören mit. Jochen (2½) zur Kassiererin, die gerade einen Schluck Wasser nimmt: „Was trinkst'n du?" „Sprudel." „Warum denn?" „Weil ich Durst habe. Was trinkst denn du immer, Jochen?" „Auch so was, Vati trinkt auch Sprudel und Mutti trinkt immer Rotwein."

Erziehung zur Bescheidenheit

Tante Hedwig war bei einer befreundeten kinderreichen Pfarrersfamilie zu Gast. Beim Mittagessen sitzt das kleinste der Kinder neben ihr. Die Platte mit dem Fleisch wird herumgereicht, und die kleine Else gibt sie an Tante Hedwig weiter. Wortlos. Ihre Mutter sagt: „Aber Kind, wie sagt man denn dabei?" Else wird rot und sagt: „Bitte Tante, sei bescheiden." Nun ist auch die Mutter verlegen: „Aber Kind! Wie heißt denn das richtig?" „Bitte Tante, sei sehr bescheiden."

Eierkopf verkehrt

Unsere Tochter (3) spielte gern mit einem hölzernen Stopfei. Bei einem Biergartenbesuch entdeckte sie einen Mann mit Glatze, dessen Kopf einem Ei ähnelte. Sie zeigte auf den Mann und rief: „Mama, schau, ein Kopfei!"

Mutti-Horror-Modenschau

Ich habe mir eine neue Hose gekauft und eine Rüschenbluse nach damaliger Mode angezogen. Jochen mustert mich von oben bis unten: „Sag mal, Mutti, willst du jetzt immer so rumlaufen?"

Sau-ber

Mein Sohn Michael war erst wenige Tage im Kindergarten und schon hatte er die ersten „schönen" Wörter mitgebracht. Meine Mutter rief etwas in sein Kinderzimmer, was ihm wahrscheinlich nicht in den Kram passte. Er rief zurück: „Oma, du Sau, du Sau, du Sauerkraut!"

Freundliche Begrüßung

Lorenz war mit seinem Papa zu Besuch bei mir. Unter dem Küchentisch lag unser Hund Bruno. Papa sagte: „Hau ab, du alter Dreckbär!" Am nächsten Tag kam Tante Lotte aus München zu Besuch. Bei der Begrüßung sagte Lorenz: „Du bist ein alter Dreckbär."

Als Papa noch ein Affe war

Ich liege im Bett und lese. Uli kommt aus ihrem Zimmer: „Was liest du denn da?" Ich, stinksauer, weil es 22 Uhr ist, und sie noch nicht schläft: „Ein Buch." Uli: „Seh ich selber, wie heißt es?" „Als Papa noch ein Affe war." Uli: „Wau! Papa war einmal ein Affe. Sabine, Sabine komm schnell! Papa war mal ein Affe ... Haben wir davon auch Bilder?"

Dumm gelaufen

Anitas Vater holte sich ein Bier aus dem Keller. In der Küche fiel ihm die Flasche herunter und zerbrach auf dem Steinboden. Anita griff sich kichernd an den Mund: „Beinahe hätte ich was gesagt." Der Vater neugierig: „Sag es, Anita, ich tu dir nichts." Anita: „Zu dumm zum Bierholen."

Schuld ist das Sauerkraut

Uroma hat 85. Geburtstag, es gibt ein festliches Essen, auch der Herr Pfarrer ist eingeladen. Michaela (4) rülpst laut, allgemeines Entsetzen. Michaela: „Entschuldigung, das war das Sauerkraut, Herr Pfarrer."

Mode für Mollige

Mein Sohn Maximilian (3) und ich saßen in der S-Bahn, ein ziemlich beleibter Herr setzte sich uns gegenüber. Maximilian schaute ihn lange und genau an, dann: „Mama, schau mal, was der für eine dicke Hose anhat."

Wie schon der Name sagt

In der Familie ist bekannt, dass Onkel Oskar gerne einen hebt. Peinlich ist es, als der Neffe seine Ankunft meldet: „Da kommt der Onkel Wodka."

Mama und die Gans

Einige Tanten sind zu Besuch, die großen Wert auf gesittetes Verhalten legen, vor allem bei Kindern. Allgemeines Entsetzen, als Johannes (4) am Kaffeetisch plötzlich sagt: „Mama, du bist eine dumme Gans." Die ältere Schwester packt ihn und zerrt ihn nach draußen, dort gibt sie ihm eine intensive Belehrung über anständiges Verhalten. Als er wieder in der Runde erscheint, sagt er: „Mama, du bist eine ganz andere Gans."

Schweinerei

Wir wohnen im Siegerland, Vater arbeitet in Köln und kommt zum Wochenende per Bahn nach Hause. Unser Nachbar hält sich ein Schwein, das, sehr sportlich, über das Gatter sprang und in meinem Garten wütete. Unser Sohn Hans schreibt an seine Schwester: „Papa kam mit dem Eilzug aus Köln, das Schwein wühlte wieder in unserem Garten."

Indianer weinen nicht

An Fasching bekam mein kleiner Bruder einen Federschmuck und war seitdem „ein großer Indianer". Da er oft ziemlich wehleidig war, sagte mein Vater eines Tages zu ihm: „Ein Indianer ist tapfer, der weint nicht gleich wegen einer kleinen Schramme am Knie." Als ich mit dem Vierjährigen im Sommer einmal mit der Bahn in die Stadt fuhr, saß uns gegenüber eine junge Frau mit rotlackierten Zehennägeln. Nachdem Rudi die Frau gründlich gemustert hatte, sagte er zu ihr: „Gell, du bist ein Indianer." Großes Erstaunen, darauf seine Erklärung: „Alle Zehen blutig und keine Tränen."

Gut gelöst

In der Nachbarschaft fragte eine Oma ihren Enkel: „Welche Oma hast du lieber, mich oder die andere Oma?" Antwort: „Wenn ihr mich so blöd fragt, mag ich euch alle zwei nicht."

Lichtes Haar

David (6) sieht ein Zeitungsbild unseres Bürgermeisters und kommentiert: „Der S. war wahrscheinlich im Wilden Westen und ist dort skalpiert worden."

Kalte Dusche

Mama und Opa sind mit David (2½) unterwegs, sie treffen einen Bekannten. Opa ist sein Stolz anzumerken, als das Gespräch auf den Enkel kommt. Der Bekannte zeigt seine Kinderfreundlichkeit und schüttelt David die Patschhändchen: „Na David, kannst du denn auch schon reden?" Die Antwort kommt prompt und präzise: „Wie eine Sau." Woraufhin Opa sehr schnell das Gespräch vom Enkel auf politische Themen verlagerte.

Üben, üben

Robert tat sich mit dem „R" schwer, seine Mutter übte fleißig mit ihm. Eines Tages gingen sie zum Schuhekaufen. Die Verkäuferin brachte einen Karton, auf dem ein Elefant zu sehen war. Beim Anprobieren sagte sie: „Diese Schuhe sehen elegant aus." Darauf Robert: „Mama, die Frau kann noch nicht mal Elefant sagen, mit der musst du das ‚F' üben."

Antiwerbung

Saskia (5) schaute sich im Friseurladen um und entdeckte ein Regal mit mehreren Schachteln. Sie fragte die Friseurin: „Was ist denn da drin?" „Das sind alles Cremes, mit denen man jung und schön bleibt." Saskia schaute sich daraufhin die Frau genau an und sagte: „Bei dir hat das aber nicht geholfen, du bist nicht mehr jung."

„Wenn es regnet, duschen die Engel"

Naturwissenschaft und Sachlichkeit greifen zu kurz. Die vierte
Dimension muss her, dazu Poesie und Philosophie.

Der große Unterschied

Carolin (2 1/2): „Mama, bist du ein Hund?" „Nein, wieso? Wir sind doch Menschen." Carolin verständig: „Ach so, ja, wir haben ja keine Zeit."

Laute Zähne

Anna tobt. Ich sage: „Schrei halt net so laut!" Sie: „Ich hab so laute Zähne."

Spielzeug für die Toten

Nachdem sein heißgeliebter Luftballon davongeflogen war, sagte Marco (3 1/2): „Macht ja nichts. Der liebe Gott fängt ihn auf und die Toten haben dann auch etwas zum Spielen."

Blaue Wolken

Nach einer langen Regenperiode fragte meine Enkelin Elisabeth (5): „Opa, wann kommen die blauen Wolken wieder?"

Kinder, wie die Zeit vergeht

Anna spielt mit ihren Puppen und stellt fest: „Mein Baby ist vier Jahre alt." 30 Sekunden später: „Mein Baby ist fünf Jahre alt." Ich werfe ein, dass das aber sehr schnell geht. Darauf sie, sehr abgeklärt: „Alles hat sich verändert."

Platz für Träume

Bernhard (4) morgens im Bett vor dem Aufstehn: „Oma, stör mich nicht, ich träum was."

Mitgefühl

Papa fällt mit Opa einen zu groß gewordenen Baum im Garten. Eva (2) sieht interessiert und in Gedanken versunken zu. Nach einer Weile sagt sie sehr ernst: „Papa, Baum weint."

Heim zu Muttern

Als Papa mit Michael im Kindersitz eine Radtour machte, sagte der Kleine nach wenigen Kilometern: „Jetzt fahren wir heim zu Mama, die ist so schön kuschelig."

Globales Kompliment

Moritz (3): „Oma, ich hab dich lieb bis zum Himmel und bis zum Mond."

Von Menschen und Engeln

Carolin (3) schaut mit Oma aus dem Fenster, der Nachbarsjunge läuft vorbei. Carolin: „Morgen sag ich zu Christof ‚Mensch'." Oma: „Und was soll das? Du bist doch auch ein Mensch." Carolin empört: „Ich? Nein! Ich bin Omis Engelchen."

Dosenschweiß

Oma macht eine Dose Pfirsiche auf. Oben läuft etwas Saft heraus. Carolin (3) mitleidig: „Omi, hör jetzt bitte auf! Der Dose bricht ja schon der Schweiß aus."

Fenster zur Welt

Die Mama fragt ihre Tochter: „Wozu hast du deine Hände?" „Zum Spielen." „Wozu hast du deine Ohren?" „Zum Hören." „Wozu hast du deine Augen?" „Damit ich aus mir herausgucken kann."

Frisiertes Wasser

Im Urlaub bei den Großeltern hatte es geregnet. Jochen (4) sieht das Wasser die Straße herunterrinnen: „Guck mal, Großi, das Wasser hat lauter Dauerwellen."

Rohrbruch im Himmel

Philipp-Samuel (3) vermisst seinen verstorbenen Opa sehr und fragt oft nach ihm. Die Eltern erklären ihm, dass der Opa im Himmel sei. Eine Weile gibt er sich damit zufrieden, aber dann ruft er die Oma an: „Warum bleibt denn der Opa so lange im Himmel? Aber gell, wenn er dort mit der Arbeit fertig ist, dann kommt er wieder zu mir."

Trostversuch

Die Großmutter war schwer erkrankt. Felix (4) wollte wissen woran. Seine Mutter sagte: „Die Oma hat Krebs." Der Kleine spürte die Traurigkeit und wollte seine Mutter trösten: „Aber Mama, Krokodil wäre noch schlimmer."

Defizit

Jochen (4) sieht seine Hände an, betrachtet und zählt seine Finger: „Warum geht's da eigentlich nicht weiter, wir könnten doch mehr gebrauchen?!"

Himmlische Dusche

Das Pfarrerskind: „Wenn es regnet, duschen die Engel."

Mein Bagger und ich

Das liebste Spielzeug war weg. Stefan suchte und suchte. Als er es endlich gefunden hatte, sagte er selig: „Ich hab so viel Heimweh nach meinem Bagger gehabt."

Stille Freude

Ein junger Familienvater in der Verwandtschaft war aus beruflichen Gründen längere Zeit von seiner Familie getrennt. Als er wieder nach Hause kam, begrüßte ihn sein Sohn (5) nicht so überschwänglich, wie er sich das wohl gedacht hatte. Er sagte: „Na, Heinz, du freust dich wohl gar nicht, dass der Papa wieder da ist?" „Oh ja, ich freu mich schon, aber das steckt halt inwendig, das siehst du bloß nicht."

Vorsicht, bissiger Ritter

Am Frühstücksbuffet im Hotel. Die Eltern fragen ihren Kleinen, was er denn gerne essen möchte. Der Junior schaut äußerst grantig, seine Laune ist miserabel. Er kann oder will sich nicht entscheiden. Die Mutter fragt immer wieder: „Willst du das? Oder willst du das?" Der Kleine sagt nichts, schaut nur genervt, und dann beißt er plötzlich die Mutter ins Bein. Geschrei, Strafe, Bombenstimmung. Der Rest des Tages verläuft dann einigermaßen friedlich. Am Abend hat der Bub offenbar das Bedürfnis, die Geschehnisse beim Frühstück „aufzuarbeiten". Er fragt, was am Morgen alles war. Vom Aufstehen an will er alles ganz genau wissen. Die Eltern antworten geduldig. „Was war dann?", so geht es ständig, bis man sich in der Zeitabfolge dem ominösen Beinbiss nähert. Man sieht, wie es in dem Kleinen arbeitet, er will den Eltern eine plausible Deutung liefern. Endlich hat er es, er bietet eine Verfremdung in historischem Gewand. Die entscheidende „Und was war dann?"-Frage beantwortet er selbst: „Und dann hat der Ritter das Burgfräulein ins Bein gebissen."

Meldung des Tages

Bernhard (4) übernachtet oft bei uns Großeltern. Beim Gute-Nacht-Telefongespräch sagt er zu seiner Mutter: „Mama, ich hab dich lieb, sonst gibt es nichts Wichtiges."

Die Sonne und die Farben

„Immer dunkler wird der Himmel am Horizont, und sicher wird es bald regnen – aber danach kommt die Sonne zurück und vielleicht auch ein Regenbogen", so tröstet Papa seinen kleinen Tobias (3). Der wird zuversichtlich: „Ja, gleich kommt die Sonne zurück, sie holt nur eben die Farben für den Regenbogen."

Blätterparty

Luisa und Papa liegen lesend im Bett. Draußen schüttelt der Herbstwind die Birke im Nachbarsgarten. Papa: „Schau mal, wie die Blätter tanzen." Luisa: „Die feiern eine Party."

Solche Männer braucht das Land

Beim morgendlichen Kuscheln im Bett macht Alisa (4) ihrem Papa ein großes Kompliment: „Ach, du bist ja sooo gemütlich, – wie eine Couch."

Sprunghafte Zukunft

Unsere Jutta war sehr lebhaft, sie sprang und hüpfte den ganzen Tag. Als uns das mal wieder „auf den Geist ging" und wir sie unterbrechen wollten, sagte sie: „Ich hab noch viele Sprünge im Bauch."

Geheimnisse der Mathematik

Marius (6): „Vier und vier ist acht, sechs und sechs ist zwölf, aber warum eigentlich, das weiß kein Mensch."

Ganz einfach

Uli: „Heute ist heute und morgen ist morgen und morgen ist morgen heute."

Das Schönste am Wandern

Wir planen eine Wanderung und machen aus, zum Ausgangspunkt mit dem Zug zu fahren. Eva (8) begeistert: „Das Schönste am Wandern ist das Zugfahren."

„Das Klo ist eine Oktave tiefer"

Andere würden sagen „einen Stock tiefer", aber wer zu einer musikalischen Familie gehört, kann sich eben anders ausdrücken. Um überraschende Einfälle und Fragen sind Kinder nie verlegen.

Ist mir eisegal

Anna isst ein Eis. Ihr Opa meint: „Iss es nicht so schnell, das ist kalt." Anna: „Das macht nix. Ich bin eh schon erkältet."

Freude durch Ärger

Die Tante ist dafür bekannt, dass sie schnell in die Luft geht und sich ärgert und manche Schimpfkanonaden loslässt. Maria (4) erzählt: „Wir Kinder ärgern immer die Tante. Da freut sie sich, wenn sie wieder schimpfen kann."

Wertstoff-Strauß

Verträumt steht Tobias (5) am Fenster und schaut auf die Straße. Plötzlich rennt er an mir vorbei, zieht sich in großer Eile Schuhe und Anorak an und hastet die Treppe hinunter, vorbei an Frau R., die den Garten für den Winter vorbereitet, direkt zur Mülltonne. Entschlossen rettet er alle Blumen, die noch nicht verwelkt sind. Stolz kommt er wieder nach oben, um mir den Strauß zu überreichen: „Den hab ich dir in der Mülltonne gepflückt."

Rationalisierung

Auch Luisa wird in die Frage einbezogen, wie das erwartete Schwesterchen heißen soll. Ihr Vorschlag: „Wir nennen sie auch Luisa." Kurze Pause. „Dann braucht der Papa nur einmal zu rufen – und zwei kommen gerannt."

Bitte nicht stechen

Mit sieben Jahren wurde Andreas schon Onkel von Zwillingen. Als diese ein halbes Jahr alt waren, kamen die Eltern mit den beiden zu uns. Andreas sah sich den Jungen besonders genau an und fragte: „Wenn ich dem Christoph mit einer Nadel in sein dickes Bäckchen steche, geht dann die Luft raus?"

Bankgeheimnis

Isa (3): „Warum gibt es auf der Sparda-Bank keine Bank?"

Böses Wort mit Loch

Als schlechtes Beispiel dafür, welche Wörter manche Kinder sagen, führt David (6) seinen Busenfreund Florian an: „Der hat ein böses Wort gesagt, mit Loch hinten."

Gegenteil

Papi setzt zu einer Rede an: „Der Vorteil davon ist …" Stephan (4) unterbricht: „Und was ist der Hinterteil?"

Wie bei Karl Valentin

Miriam (3) telefoniert mit Oma, auf einmal Stille. Oma fragt: „Miriam, bist du noch dran?" Nach einer Pause sagt Miriam: „Ich bin schon fort gegangen."

Kopfschutz

Damit Elke später einmal schöne Zähne hat, bekommt sie vom Zahnarzt eine Spange. Auf dem Nachhauseweg fragt ihre kleine Schwester Jutta (3): „Mama, krieg ich auch so eine Stoßstange ins Gesicht?"

Gipskopf-Galerie

Wir fuhren mit Siegfried (5) an der Walhalla vorbei. Er fragte: „Was ist da drin?" Der Vater ganz salopp: „Lauter Gipsköpfe." Siegfried: „Und wann kommt mein Gipskopf da rein?"

Musikalisches Klo

Als Musikerkinder schnappen Angelika und Marielena schon früh einige Fachbegriffe auf. Als bei einer Feier in einer Gaststätte die Jüngere einmal muss, erklärt Angelika hilfsbereit: „Das Klo ist eine Oktave tiefer."

Blitzbesuch

Da ich auswärts arbeite, bin ich selten daheim. Einmal kam ich auf der Durchreise kurz zu meiner Frau. Enkelin Sabrina (5) saß in unserem Garten auf der Schaukel und beachtete mich nicht. Ich sprach sie an: „Sabrina, magst du nicht ‚Grüß Gott' sagen?" „Naa." „Warum nicht?" „Es lohnt nicht, du bist ja eh gleich wieder weg." Eine Stunde später reiste ich weiter. Sabrina rief mir nach: „Pfüat di, Opa, schau's gelegentlich wieder mal rein."

Humor-Atlas

Karli kann schon lesen und liest gerne der kleinen Schwester vor. Maria sagt: „Komm, lies mir aus dem Atlas vor. Und wenn ein lustiges Land kommt, dann lache ich."

Mini-Blinker

Als unser Sohn fünf Jahre alt war, bekam er ein kleines Fahrrad. Wir gingen spazieren, und er fuhr immer ein Stück voraus und wieder zurück. Einmal kam er um die Kurve und zwinkerte auffällig mit dem Auge. Ich fragte, ob ihm eine Mücke hineingeflogen sei. „Nein, ich blinke."

Nicht schuldig

Mami: „Christoph stinkt. Ich glaube, Christoph hat einen Stinker in der Windel." Christoph (2) fasst sich kläglich an den Po: „Da drin." Nach der Säuberungsaktion kommt er strahlend zur Omi: „Bin sauber." Am nächsten Tag ist Toastbrot angebrannt. Omi: „Es stinkt." Christoph fasst sich an den Po und beteuert: „Bin sauber!"

Symphonie der Farben

Rainer (3): „Mutti, die Ampel ist schwarz." „Rainer, seit wann ist denn eine Ampel schwarz?" „Ich meine doch die gelbe Ampel, die so schön blau ist."

Guten Appetit

Bernhard (6) spielt nach dem Mittagessen „Drache" und er verwandelt auch den Opa in einen Drachen. Dann zeigt er auf die Oma und sagt: „Unser Mittagessen sitzt da drüben."

Puppen lachen trotzdem

Lieblingsstoffpuppe Susi hat dringend einen Gang in die Waschmaschine nötig. Tina (5) ist darüber entsetzt. Ich versuche, sie mit dem Argument zu trösten, dass die Puppe hinterher wieder ganz schön und sauber sein werde. Als ich ihr am nächsten Tag die gewaschene Puppe überreiche, sage ich im Brustton der Überzeugung: „Schau, jetzt lacht sie wieder, weil sie so schön sauber ist." Darauf Tina: „Du Mama, die hat aber auch schon gelacht, wie sie noch dreckig war …"

Man lacht deutsch

Eine Klassenkameradin meiner Judith war Italienerin. Ich fragte meine Tochter, ob dieses Mädchen deutsch könne. Antwort: „Nein, aber deutsch lachen kann sie."

Sprachunterricht

Thomas (6) und seine Schwester Monika (5) führen ein Gespräch über das Thema „Figur". Thomas: „In deinem neuen Kleid hast du aber eine tolle Gafur." Monika: „Das heißt doch nicht Gafur, das heißt Gifur."

Drei-Tage-Gras

Claudia (3½) erzählte ihrer Tante vom bärtigen Aussehen ihres Papa: „Mein Papa hat bei der Nase ein Gras."

Papa-Ersatz

Luisa (2½) besucht mit ihrem Papa den Friedhof. Auf der Autofahrt dorthin erzählt Papa, dass sein Papa schon gestorben sei. Später, auf dem Friedhof, hakt sie nach: „Ist dein Papa gestorben?" „Ja." Luisa tröstend: „Ich hol dir einen neuen Papa. Ich hol eine Pumpe und pump' dir einen neuen auf."

Der letzte Römer

Davids (3) Eltern bemühen sich, dem Knaben auch die Fundamente abendländischer Kultur näherzubringen. In einem archäologischen Museum in Nizza zeigte man ihm in der Römerabteilung ein Skelett. David: „Die Ömer sind schon alle tot, aber einen haben sie vergessen."

Fast unmöglich

Auf einer Autofahrt sagt Robert (5) kurz vor dem Ziel: „Mama, ich muss mal." „Ja, gleich, wir sind bald da, dann kannst du aufs Klo gehen. Zwicke noch ein bisschen zusammen." Robert verzweifelt: „Mensch, mach du mal einen Knoten in eine Eisenstange."

Puppensprache

Isa (3): „Ich ess jetzt Nussinen." Papa: „Isabelle, das heißt ‚Rosinen'." „Mein Benni (die Puppe) kennt aber noch keine Rosinen."

Grand-Prix-verdächtig

Andrea (2) will singen: „Einmal hin, einmal her, rundherum das ist nicht schwer." Da sie den Text nicht so genau kennt, singt sie: „Einmal hin, einmal – (Pause) – nicht hin …"

„*Schau mal,*
der Pfau zeigt sein Geweih"

Zoologie ist nicht so einfach, da kann einem manches
durcheinander geraten – einfach tierisch!

Worauf es ankommt

Oma war mit Anita unterwegs, da sahen sie einen mittelgroßen Hund. Oma sagte: „Der Hund hat für seine Größe einen zu kleinen Kopf." Darauf Anita: „Hauptsache, er hat einen Kopf."

Fressen und Gefressenwerden

Tobias (4) spielt einen Uhu, der Papa eine Maus. Tobias: „Der Uhu fängt die Maus und will sie fressen." „Nein, nein", jammert die Maus, „lass mich leben, meine Kinder warten zu Hause auf mich." „Und ich", sagt der Uhu, „ich habe zu Hause 59 Kinder, und die haben großen Hunger und brauchen eine fette Maus."

Pferd schaut verkehrt

Anna (3) hat einen Schlafanzug mit Pferdebild. Einmal hat sie ihn links herum an. Sie jammert: „Mama, Pferd nimmer rausgucken kann."

Zoologische Waffe

Stefan hatte die Katze geärgert und die hatte ihn gekratzt. Offenbar sann er auf Rache, denn er fragte: „Papa, können Wespen sich was merken?"

Politischer Hund

Evas Hund heißt Aljoscha, aber Luisa (3) nannte ihn – mit aktuellem Bezug? – beharrlich „Herr Joschka". Fast schon unheimlich erschien uns ihre Clownerie, als sie von Papa gefragt wurde: „Wie heißt der Eva ihr Hund?" und Luisa frech lachend erwiderte: „Schröder."

Produktionsfehler

Stephan (3) entdeckt im Hühnerauslauf ein dickes braunes Etwas: „Was is'n das?" Mami: „Ein Hühnerdreck." Stephan enttäuscht: „Warum das kein Ei geworden is?"

Feindliche Übernahme

Der Nachbarhund „Rex" kam in unseren Garten und biss zwei kleine Hühner tot. Unsere Brigitte (5) erkundigte sich bei mir nach den Konsequenzen: „Legt der Rex jetzt Eier?"

Animal triste

Auf dem Bauernhof meiner Großeltern kräht ein Hahn. Carolin (2) sagt ganz traurig: „Horch, Mama, das Huhn weint."

Minikühe

Oma geht mit den Kindern zur Bäuerin und bringt die Milchkanne zurück, dabei dürfen sie auch einen Blick in den Kuhstall werfen. Tina ist begeistert und verkündet lauthals: „Hurra, jetzt schaun wir uns die Kühe im Hühnerstall an!"

Jägerlatein

Danilo (3) unterhält sich mit seinem kleinen Brüderchen: „Valentin, wolltest du schon immer ein Kapitalhirsch sein?"

Anonyme Regenwürmer

Kerstin (4) zu ihrer Mama: „Ich mag Rehlein und Häschen. Regenwürmer mag ich nicht – wo haben denn die ihr Gesicht?"

Darwin und die Bibel

Johannes (8) liest die Geschichte vom „Barmherzigen Samariter" vor. Als er an die Stelle kommt, wo der Samariter den Verletzten auf einen Esel legt, sagt Johannes: „Gell, Mama, damals waren Esel die einzigen Pferde."

Einmal ein Schweinchen sein

Wir spielen im Garten, Brigitte kommt: „Schnell, Mama, ein ‚A'." Ich sage: „Geh schnell runter ins Gartenklo." Sie will nicht. Vom Bruder erfahre ich, dass sie lieber in die Büsche geht. Ich sage: „Aber Brigitte, das machen doch nur die Schweinchen." Darauf sie: „Ach, lass mich doch noch einmal ein kleines Schweinchen sein!"

Pfauenschau

Als wir an einem Tiergehege vorbeikommen, schlägt der Pfau gerade ein Rad. Johannes (6): „Schau mal, der Pfau zeigt sein Geweih."

Tierisches Bewusstsein

Christian (6): „Weiß ein Tier eigentlich, was es ist?"

Da grausts dem Fuchs

Wir sind im Urlaub in Tirol. Maximilian spielt vor dem Haus Ball. Die Bäuerin bringt ihm einen Stock, da sich ein Fuchs auch tagsüber über die Hennen hermachte. Sie sagt: „Maxi, mach mit dem Stock immer ein bisserl Krach, damit der Fuchs nicht kommt." Maxi: „Tante Agnes, ich bin so schmutzig, ich schmeck ihm bestimmt nicht."

Der Mann von der Kuh

Jonathan (5): „Der Mann von der Kuh kann keine Kälber kriegen."

Hygiene für den Stall

Unser Dorf bekam einen neuen Lehrer aus der Stadt. Seine Frau holte beim Nachbarn die Milch. Dabei durfte ihr Sohn Walter auch in den Kuhstall schauen. Nach gründlicher Besichtigung meinte er: „Die Kühe sind smutzig, sie haben kein Klopapier."

Ein Karpfen namens Aal

Unserem Enkel (2) waren Begriffe wie Aal und Karpfen bekannt, da sein Vater regelmäßig zum Fischen ging, und er vieles mitbekam. Einmal erzählte er mir: „Oma, der Papa ist beim Angeln gewesen und er hat sooo einen großen Karpfen gefangen, und der hat Aal geheißen."

Hirschkuh

Mein Neffe Max brachte gelegentlich die Tiere ein wenig durcheinander. So verkündete er beim Anblick eines Hirschgeweihs: „Das ist ein Hirschge-euter."

Heiße Höschen

Sebastian (3) wurde von einer Wespe gestochen. Heulend beschwerte er sich: „Die Wespe hat ja Brennnesseln in der Hose!"

Metamorphose

Stephan (2) liebt das Buch „Die Vogelhochzeit", er liest sein „Fiderallala-Buch" fast täglich. Wir erzählen, dass Tante Bertha bald heiraten wird. Stephan bekommt große Augen: „Tante Bertha wird ein Vogel?"

Hirschkuh

Riesiges Essen

Auf dem Küchentisch lag eine gerupfte Gans mit Kopf und Kragen. Brigitte sah sich das an und rannte dann zu ihrer Oma: „Komm schnell! Bei uns gibt's heute einen Elefant zum Essen."

Die Grenzen des Wachstums

Christian (6) betet: „Lieber Gott, gib auch den Tieren, dass sie wachsen. Aber lieber doch net. Bloß die Ameisen können noch ein bisserl größer werden."

Tierisches zu Bethlehem

Abends unterhalte ich mich mit Tobias (5) im Bett über das Christkind, den Stall von Bethlehem und all die Tiere, die kamen, um das neugeborene Kind zu begrüßen. „Alle Tiere kamen?", möchte er wissen, „Milben etwa auch?"

Kleiner Tiger

Meine kleine Nachbarin (5) schaute zu, wie ich meine Katze im Garten fütterte. Die Katze fauchte und spielte die Wilde. Kommentar des Mädchens: „Die war bestimmt ein Tiger, der ist nur nicht gewachsen."

Mahlzeit!

Thomas (4): „Gell, Papa, die Bratwürste sind die Schwänze von den Schweinen."

Prost, ihr Ameisen

Nina (3) spuckt auf den Boden und sagt: „Die Bienen und Ameisen haben Durst."

Mann müsste eine Ente sein

Mit meinem Neffen Martin beobachteten wir die Enten im Weiher. Sein Kommentar: „Bei den Enten sind die Männer schöner als die Frauen. Bei den Menschen ist es genau umgekehrt."

Osterhase abgelöst

Ostern ist vorbei, wir haben viel vom Osterhasen geredet. Johanna sieht einen Igel durch den Garten laufen und ruft aufgeregt: „Mama, ein Osterigel!"

„Der wackelt immer wie ein Wackelpudding, wenn ich ihn küsse"

Auch im Kindergarten blüht die Liebe – und die Originalität.
Die Sprüche in diesem Kapitel stammen alle von Kindern
des Erlöserkindergartens in Amberg.

Aussteigen zum Gebet

Franziska (5) war mit ihren Eltern auf der Münchner Handwerksmesse. Nun spielt sie das Ganze mit ihrem Duplo-Zug nach. Sie ist der Schaffner, Mama ist für die Fahrgäste zuständig. Mama lässt zwei Duplo-Männlein einsteigen. „Wohin wollen Sie?" „Zur Münchner Handwerksmesse." Der Zug hält an, Franziska ruft: „Handwerksmesse München. Alles aussteigen und zum Beten gehen!"

Ewiger Schnee

„So geschneit hat es schon viele Jahre nicht mehr", erklärt die Erzieherin den Kindern. Sabrina (4) blickt aus dem Fenster: „… aber liegen tut er immer noch."

Spielen contra Fernsehen

Im Kindergarten. Das Gespräch dreht sich um verschiedene Zeichentrickserien im Fernsehen. Fabian (4) meint empört: „Ich darf nie Fernsehen schauen, ich muss immer mit meiner Mama spielen."

Schweigender Protest

Beim Abendessen diskutieren Mama und Papa mit Alisa (5) über neu anzuschaffende Lackschuhe. Alisa besteht darauf, ihre Schuhe selbst auszusuchen. Papa ergreift die Gelegenheit, um endlich einmal den Spruch „solange du deine Füße unter meinen Tisch stellst …" loszuwerden. Niki (3) verfolgt aufmerksam die Auseinandersetzung und vor allem Papas Spruch, dann legt er wortlos seine Füße auf den Tisch …

Was Tote freut

Mama ist traurig, weil sie soeben vom Tod von Michaels Urgroßtante erfahren hat. Deshalb möchte sie den geplanten Volksfestbesuch verschieben. Michael (8) versucht sie zu trösten: „Was glaubst du, wie Tante Anni sich freut, wenn sie mich vom Himmel aus Karussell fahren sieht …"

Gabelfrühstück

Tobias (4) soll vor dem Essen noch Händewaschen, hat aber nicht die geringste Lust dazu. Also sagt er weltmännisch: „Mama, heute ess ich mit der Gabel."

Das kommt davon

Beim Versuch, den sogenannten „Klammeraffen" zu reparieren, rammt sich die Erzieherin eine Heftklammer in den Mittelfinger. Kommentar von Christopher (4): „Das kommt davon, wenn man mit dem Zeug immer rumspielt."

Leckere Kombination

Christina (4) erzählt: „Am liebsten ess ich Fischstäbchen." Die Erzieherin will es genauer wissen: „Und was dazu?" Christina leckt sich verträumt die Lippen: „Hähnchen."

Vorfahren und Nachfahren

Andrea (4) erklärt der Erzieherin ihre Familienverhältnisse: „Also, ich war mit meinem Papa in Italien. Meine Mama war da noch gar nicht auf der Welt. Und meine Melanie (7) habe ich im Kinderwagen geschoben."

Beten kühlt

Mittagessen. Das Tischgebet ist schon gesprochen und Lorenz (4) führt den ersten Löffel zum Mund, verbrennt sich jedoch die Zunge. Er sagt: „Mama, wir müssen noch einmal beten, das Essen ist immer noch zu heiß."

Der Tod gehört zum Leben

Die Kinder haben Mama und Papa mal wieder zu McDonalds geschleppt, wo man ausgiebig in Chicken und Pommes schwelgt. Mittendrin fragt Alisa (5): „Mama, was passiert mit einem Menschen, wenn er gestorben ist?" Mama bleibt der Hamburger fast im Hals stecken. „Warum willst du das wissen?" „Ich werd nächstes Jahr auch schon sechs."

Zahnlos in die Schule

Sabine (6) kann schon ihre ersten Zahnlücken vorweisen. Sie erzählt Patricia: „Ich freu mich schon, wenn ich in die Schule komme, dann muss ich keine Zähne mehr putzen." Patricia ist ganz entsetzt: „Aber du musst trotzdem deine Zähne putzen, auch wenn du zur Schule gehst." Darauf Sabine: „Muss ich nicht, weil bis dahin alle Zähne ausgefallen sind."

Waschmaschspül

Jörg (3) darf helfen, den Tisch abzuräumen. Mama sieht die Dosenmilch in der Küche im Spülbecken liegen und fragt Jörg: „Wo hast du denn die Dosenmilch hingetan?" „In die Waschmaschspül."

Auf der Reeperbahn I

Seit dem letzten Nordseeurlaub schwärmt Christian (5) für Seemannslieder, wozu für ihn auch „Auf der Reeperbahn nachts um halb eins …" gehört. Unbedingt möchte er der Reeperbahn mal einen Besuch abstatten. Da kommt zufällig im Fernsehen ein Bericht über diesen Teil Hamburgs, die Straße bei Tage, alles grau in grau. Mama ergreift die Gelegenheit, Christians romantische Vorstellungen zu korrigieren und sagt: „Schau mal, so sieht es da aus." In diesem Moment wechselt das Bild, man sieht die Reeperbahn bei Nacht, bunte Lichter, die entsprechenden „Damen" in ihren Schaufenstern. Papa druckst herum, da fährt Christian schon fort: „Das kann Mama auch machen, da braucht sie nur rumzusitzen."

Auf der Reeperbahn II

Goldene Hochzeit der Urgroßeltern. Feierlicher Rahmen. Die ganze Familie sitzt um einen großen Tisch im Gasthaus zusammen. Man unterhält sich unter anderem über den Urlaub. Christian (5), unser Reeperbahnfan (s.o.), ruft über alle Köpfe hinweg seinem Großonkel am anderen Ende des Tisches zu: „Wir fahren auf die Reeperbahn. Die Mama hat so einen schönen Busen, den kann sie ruhig herzeigen."

Und was sagt man?

Maria (3) bekommt auf der Volksbank einen eingepackten Lutscher geschenkt. Begeistert nimmt sie ihn in Empfang. Mama fragt: „Und was sagt man, Maria?" Maria: „Aufmachen!"

Mein Schatz, der Gynäkologe

Tobias (3) telefoniert mit Begeisterung. Wieder einmal führt er ein angeregtes Gespräch. Mama fragt: „Ist das der Papa?" Tobias nickt und hält Mama den Hörer hin: „Sag mal ‚Hallo, Schatz'." Mama erfüllt seine Bitte und stellt kurz darauf fest, dass sie mit ihrem Gynäkologen spricht.

Arbeitsexperte

Die Erzieherin verlässt den Kindergarten früher als üblich. Kevin (4) zu Daniel (4): „Wo geht die jetzt hin?" Daniel: „Na, die muss doch auch mal arbeiten gehn."

Öder Derrick

Sebastian (9) darf mit seinem Opa „Derrick" anschauen, was zu Hause strengstens untersagt ist. Danach erklärt er der etwas beunruhigten Mama: „Mann, war das langweilig . Die haben ja überhaupt nicht gemördert."

Aber bitte mit Fahne

Mama begrüßt den heimkommenden Vater: „Na, du hast aber eine schöne Fahne mitgebracht." Marco (4) steht vom Esstisch auf und läuft in den Flur, kommt jedoch gleich wieder enttäuscht zurück: „Wo ist denn jetzt die Fahne, die Papa mitgebracht hat?"

Freundinschaft

Michelle (3) hat sich auf einen ausgiebigen Spielbesuch bei Niklas (3) gefreut. Doch der will heute nichts von ihr wissen. Michi beklagt sich: „Mama, der Niki will plötzlich gar nicht mehr meine Freundin sein."

Wahrer Versprecher

Benjamin (6) sitzt bei der Kommunionfeier an der Essenstafel. Patricia (17) fragt ihn: „Ist neben dir noch frei?" Darauf Benjamin energisch: „Nein, der Platz ist fresserviert."

Das Parfüm

Beim Spazierengehen mit der Familie trifft Max (3) auf eine stark parfümierte junge Frau. Nachdem sie vorbeigegangen ist, staunt er beeindruckt: „Die riecht aber fest nach Frau."

Heiße Küsse

Isabelle (6) fragt Alisa (5) unvermittelt: „Alisa, bist du schon verliebt?" „Ja, in den Stefan." Mama staunt, und ihre Tochter ergänzt auch noch: „Der wackelt immer wie Wackelpudding, wenn ich ihn küsse."

Klein-Macho

Die Erzieherin fragt Max: „Maxi, trägst du deine Tasche selbst oder soll ich sie tragen?" „Trag du, nur Frauen tragen Taschen."

Tägliche Übung

Sonja (2) wohnt mit ihren Eltern in der Nähe eines Truppenübungsplatzes. Selbst vom Spielplatz aus, wo die Großeltern mit ihr den Nachmittag verbringen, sind die Schießübungen zu hören. Oma: „Heute schießen sie aber wieder." Beim Nachhausekommen erzählt Sonja: „Mama, die Soldaten haben heute wieder geschissen."

Wie werde ich schön?

Mama schmiert sich eine Schönheitsmaske ins Gesicht. Gebannt beobachten die Kinder den Farbwechsel von grün nach weiß. Nach dem Abspülen fragt Mama: „Na, bin ich jetzt schöner?" Alisa betrachtet sie genau: „Ne, du siehst genauso aus wie vorher." Dann empfiehlt sie lässig beim Hinausgehen: „Vielleicht hättest du sie länger drauflassen sollen."

Große Belohnung

Stephanie (3) spielt mit Bär und Puppe: „So, jetzt esst ihr euch alle auf, und zum Nachtisch geht ihr ins Bett."

„Oma, sind Falten ansteckend?"

Zum Thema „Altwerden" gibt es noch weitere Fragen
und Beobachtungen. Omas und Opas sind
auch sonst beliebte Gesprächspartner.

Berühren verboten

Miriam (3) ist stolz auf ihren dicken Bauch und führt ihn allen Besuchern vor, auch Oma und Opa. Als Opa mal fühlen will, ob der Bauch wirklich so dick ist, sagt Miriam ganz empört: „Nur gucken, Opa, nur gucken."

Besser als gar nichts

Marie (4) steht mit der Oma in der Warteschlange an der Supermarktkasse. Um sich die Zeit zu vertreiben, deklamiert sie einen Spruch, den sie von einer Bekannten gelernt hat. „Ja, so geht's auf der Welt, die einen haben den Beutel, die andern haben das Geld." Und dann, mit erhobener Stimme: „Gell, Oma, und wir haben den Beutel."

Trauerarbeit

Nicolai zu seiner Oma: „Du musst mindestens so lange leben, bis ich zehn bin. Wenn du tot bist, bin ich gespannt, wieviel ich weinen werde."

Toiletten-Duett

Jens war gerade sauber und wurde angehalten, nicht in die Hose zu machen. Einmal spürte er ein dringendes Bedürfnis, das WC aber war bereits von Oma „besetzt". Jens rief vor der Tür: „Oma, rutsch bitte ein bisschen, dann habe ich auch noch Platz."

Schöne Aussicht

Meine Enkelin Elena-Maria (5) fragte mich, warum ich früh immer fortginge und mittags erst zurückkäme. Ich sagte: „Weil ich zur Arbeit muss. Aber warte nur, wenn ich bald zu arbeiten aufhöre, muss ich nicht mehr fort." Sie überlegte eine Weile, dann sagte sie: „Gell, Oma, dann bleibst du zu Hause, bis du stirbst."

Verschimmelt

Meine Enkelin Regine (3) wollte mir unbedingt eine neue Frisur verpassen. Mitten im Frisieren sagte sie: „Omi, du schimmelst." „Was tu ich?" „Du schimmelst, du bekommst graue Haare." Auf meine Frage, was denn mit der anderen Oma sei, die schon ganz graue Haare hat, sagte sie: „Ach, die ist schon ganz verschimmelt."

Dienstzeugnis für Oma

Felicitas darf bei ihrer Oma schlafen. Am nächsten Morgen will sie ihre Mama anrufen. Die Oma fragt, was sie der Mama denn sagen will. Felicitas: „Ich will sagen, dass du alles richtig gemacht hast."

Wahre Schönheit

Michael (6) beobachtet, wie ich mir morgens Creme ins Gesicht schmiere. Er schaut fragend, ich erkläre: „Weißt du, wenn man älter wird, muss man auch etwas für die Schönheit tun." Da sagt er: „Mir gefällst du auch, wenn du dreckig bist."

Schneller Rollenwechsel

Auf einer Wanderung, es war ein ziemlich steiler Weg, sagte Oma zu Klaus (5), er solle aufpassen damit er nicht abstürze. „Das macht nichts", meinte er, „dann bist du eben meine Witwe."

Erziehung zur Selbstständigkeit

Über Weihnachten waren mein Mann und ich bei der Familie unseres Sohnes zu Gast. Bei schönem Winterwetter machte mein Mann einen Spaziergang. Als er zurückkam, sagte er zu unserem Enkel (4): „Johannes, hast du mir die Hausschuhe auf die Heizung gestellt?" Er antwortete: „Nein, Opa, du musst doch auch endlich mal selbstständig werden."

Fremdenverkehr

Opa schimpft im Auto: „Jetzt hat sich der Kerl da vorne rechts eingeordnet, und nach links biegt er ab." Da kommt von hinten die Piepsstimme des Enkels: „Opa, vielleicht ist das ein Ausheimischer."

Das Letzte

Zwei Sechsjährige philosophierten beim Hochzeit-Spiel mit den Puppen Barbie und Ken über grundlegende Dinge wie Liebe und Vergänglichkeit. „Erst kommt verliebt, dann verlobt und dann verheiratet", meinte das Mädchen und flocht Barbies Haare zu einem Zopf. „Und dann kommt geschieden!" Nun zögerte sie: „Und dann? ..." Für ihren Spielgefährten gab's da keine Frage: „Na dann kommt Essen auf Rädern."

Sauber bleiben

Paula (2) wird von Oma angezogen, die beiden wollen mit dem Hund Gassi gehen. Paula strahlt die Oma mit ihren blauen Augen an, Oma will sie an sich drücken. Paula wehrt sich entschieden: „Nein, Oma, ich bin frisch gewaschen."

Freizeitgestaltung

Benjamin (6) wird nicht vom Kindergarten abgeholt. Evi überlegt mit ihm zusammen, wer zuhause erreichbar ist … Mutti nicht, Papa nicht. „Aber der Opa ist doch zuhause?" Benjamin: „Der ist meistens auf der Leich (fränkisch: Beerdigung)."

Angepasste Kleidung

Oma mahnt ihren Enkel Christian: „Wenn du rausgehst, ziehe dich warm an, es ist kalt." Christian steckt die Nase zur Haustür hinaus und sagt: „Oma, es ist nicht so kalt, da ziehe ich mich nur lauwarm an."

Seniorenclub der Irokesen

David (6) liebt Indianer, besonders die Irokesen. Auf seine Ankündigung, er gehe zu seinem Stamm, fragt sein Großvater: „Nimmst du mich auch mit?" Antwort: „Ich muss erst mal sehen, ob die alte Indianer auch brauchen."

Television

Thomas (4) hat ein Bauklötzchen-Schloss gebaut. Er ruft seine Oma an: „Schau mal, Oma, was für ein tolles Schloss." Dabei hält er den Hörer ganz nahe an das Bauwerk.

Hinterlist

Angelika ist zu Besuch bei den Großeltern und fällt dort beim Klavierspielen vom dreibeinigen Hocker. Der besorgte Opa räumt den Klavierhocker gleich weg und bringt einen richtigen Stuhl aus dem Esszimmer. Als sich die junge Familie am Abend verabschiedet, sieht Angelika, wie der Opa den Stuhl wieder aufräumt und den dreibeinigen Hocker zurück ans Klavier stellt. Empört berichtet sie ihren Eltern: „Jetzt hat der Opa den Hocker wieder hingestellt, damit's mich nochmal runterhaut."

Seniorenclub der Irokesen

Vorsicht Falten

Enkel Daniel saß bei seiner Oma auf dem Schoß und schmuste mit ihr. Plötzlich sprang er auf und fragte: „Oma, sind Falten ansteckend?"

Abgerundet

Als mich meine Enkelin Kerstin nach dem Alter fragte, gab ich wahrheitsgemäß an: „Neunundsechzig." Darauf sie: „Sagen wir neunundvierzig."

Günstiges Angebot

Weil Rebekka (3) ins Bett gehen soll, sagt sie zu ihrem Opa: „Ich hab noch ein bisschen Zeit für dich – ich kann noch mit dir spielen."

Zu früh gefreut

Marie (14) und Marlene (4) haben aus dem Versandkatalog „unsere Familie" ausgeschnitten. Mein Mann (46) und ich (40) zeigen uns erfreut darüber, dass wir so jung und gutaussehend sind. Marie dämpft unsere Stimmung: „Was sollte ich machen, im ganzen Katalog gab's keine älteren Modelle."

Eile ohne Weile

Kurz vor Ladenschluss musste ich noch schnell etwas einkaufen. Ich sagte zu meiner Enkelin (3): „Mach schnell, trödel nicht so." Abends erzählte sie ihrer Mama: „Die Oma und ich haben heute ganz schnell getrödelt."

Grabhügel

Andreas ging sehr gerne mit mir auf den Friedhof, zunächst zum Grab seines Opas, anschließend zum Grab seiner Tante, die kurz zuvor gestorben war und deren Grab noch aufgehäuft war. Andreas: „Unser Opa war aber nicht so dick."

Mit den Augen eines Kindes

Meine Schwiegermutter war seit kurzem ein Pflegefall und wurde von mir versorgt und gepflegt. Claudia (4) beobachtete alles sehr genau, einmal sagte sie: „Gell, meine andere Oma braucht keine Windeln mehr und laufen kann sie auch schon."

Zum Patent anmelden

Es regnet stark gegen das Küchenfenster. Matthias (4): „Gell, Oma, da bräuchten wir Scheibenwischer."

Der Gott, der aus der Werbung kam

Oma brütet über einem Kreuzworträtsel. Der „indische Reisgott" will ihr nicht einfallen. Enkelin Friederike (10) kommt ihr zur Hilfe: „Omi, vielleicht ist das ‚Uncle Ben's'."

Die Vorleserin

Luisa (3) zu Papa: „Liest du mir was vor?" Papa: „Vielleicht liest du mir mal was vor!" Luisa: „Ich bin doch noch zu klein." Papa: „Und wenn du größer bist, liest du mir dann was vor?" Luisa: „Ja, wenn du blind bist, Papa."

Verschwörung

Niki liebt seinen Opa mehr als die Oma. Neidvoll sieht die Oma, wie er den Opa küsst. Sie sagt: „Ach Niki, küss mich doch auch!" Da beugt sich Niki zum Opa und flüstert ihm ins Ohr: „Gell Opa, wir küssen keine Weiber!"

„Müde bin ich, geh zur Ruh, schließe meine Augen zu – und das Motorrad auch"

So werden Gebete aktualisiert.
Ein Kapitel nicht nur für Auto- und Motorradfahrer.

Begraben und auferstanden

Die Pfarrerskinder spielen. Friedrichs (4) Pferd wird krank, es stirbt wenig später. Zusammen mit seiner Schwester Maria (5) begräbt er das Tier, dabei singen die Geschwister „Ihr Kinderlein kommet". Nachher erklärt Maria: „Ich bin jetzt der liebe Heiland und mache das Pferd wieder lebendig." Sie wandte sich dem Grab zu und rief: „Steh auf!" Und gleich hatte der kleine Friedrich sein Pferd wieder.

La la la

Mama gibt Katharina (2½) vor dem Gottesdienst ein Büchlein und meint: „Das kannst du dir in der Kirche anschauen und lesen." Darauf sie: „Nein, das tu ich singen, ich kann nicht lesen."

Heiliger McDonald

Mein Andreas (2½) betrachtete aufmerksam die Medaille der Gottesmutter Maria, die ich um den Hals trage. Als ich ihn fragte, wer das sei, sagte er andächtig: „Die Himmelmama." Dann drehte er die Medaille um, und da ist ein etwas verschnörkeltes „M" zu sehen. Neugierig auf seine Antwort fragte ich: „Na, was ist da drauf?" „Mac Donald."

Luther verkehrt

Konfirmandenunterricht vor über 40 Jahren. Damals musste der Kleine Katechismus noch auswendig gelernt werden. Am Ende jedes Glaubensartikels stehen Luthers Worte: „Das ist gewisslich wahr." Eine Konfirmandin trug einen dieser Artikel flüssig vor und schloss mit den Worten: „Das ist gewiss nicht wahr."

Frommes Prost

Wenn unser Enkel Johannes (3) seine Milch trank, sagte ich zu ihm: „Prost, prost Kamerad!" Das machte ihm sichtlich Spaß. Das zeigte sich vor allem, als er mit seiner Mutter zur Heiligen Messe gehen durfte. Als der Pfarrer bei der Wandlung den Kelch hob, rief Johannes vernehmlich: „Prost, prost Kamerad!"

WC für Engel

Stephan (3): „Wie machen die Engel Pipi? Im Fliegen? Und wo landet das dann?"

Schutz vor bösen Frauen

Die zwei Pfarrersbuben (3 und 4) unterhalten sich über einen Onkel, der nicht verheiratet ist. „Ist seine Frau gestorben?" „Nein." „Muss er eben eine suchen, aber aufpassen, dass er keine böse findet." „Wie macht man das?" „Er muss in die Kirche gehen, da beten wir immer ‚und führe uns nicht in Versuchung, sondern erlöse uns von dem Bösen‘."

Linksabbieger

Beim Beten des 23. Psalms „… er führet mich auf rechter Straße …", sagt ein Pfarrerskind: „Aber es gibt doch auch Straßen, die nach links abbiegen."

Flottes Gebet

In Tschirn im Frankenwald war unsere Familie die einzige evangelische im Ort. Als mein Bruder in die Schule kam, wurde dort am Anfang gebetet: „Gelobt sei Jesus Christus …" Nach dem ersten Schultag fragten ihn meine Eltern: „Was habt ihr denn gebetet?" Antwort: „Hopsa, Jesus Christus."

Neue Liturgie

Mama nimmt Stephan (5) regelmäßig mit in den Kindergottesdienst. Das hat merkwürdige Folgen, wie Mama eines Tages beim Kriegspielen ihres Sohnes erfährt. Begonnen hatte es mit einem harmlosen Gespräch: „Mami, was ist eine Läson-Kanone?" „Es gibt Laser, aber keine Laser-Kanonen." Stephan ist nicht überzeugt, er baut sich eine Kanone, und Mama hört Erstaunliches: „Läson-Kanone … boff … Leison-Kanone … boff … Kyrie-eleison-Kanone … boff!"

Gebet und Technik

Abendgebet: „Müde bin ich geh zur Ruh, schließe meine Autos zu, und das Motorrad auch."

Ohnmacht

Vor dem Einschlafen spricht Papa mit Luisa (3) ein kleines Nachtgebet: „Wir beten jetzt, dass der liebe Gott den vielen armen Kindern auf der Welt etwas zu essen gibt." Luisa: „Aber der ist doch angenagelt!"

Himmel? Nein, danke

Mein Enkel Achim (3) übernachtete bei mir. Am Bettchen betete ich: „Lieber Gott, mach mich fromm, dass ich in den Himmel komm." Achim schaute mich an und dann sagte er plötzlich: „Was soll ich denn dort?"

Pfingsträtsel

Bei Tisch. Stephan (4): „Was gibt's Pfingsten?" Mami (pragmatisch): „Bei uns gab's früher immer Schokoladenmarienkäfer." Papi (theologisch): „Bei uns gab's den Heiligen Geist!" Christoph (1¼) mit Nachdruck und Andacht: „Aaaamen."

Schlamperei an Weihnachten

Vorweihnachtszeit im Kindergarten. Die Praktikantin fragt, warum denn das Jesus-Kind noch nicht in der Krippe liegt. Jens (6) sagt: „Weil das bestimmt wieder jemand verschlampert hat."

Was Jesus wirklich sagte

Im Kindergarten will die Erzieherin den Kindern Christi Himmelfahrt kindgemäß nacherzählen und fragt: „Was hat denn der Herr Jesus gesagt, als er in den Himmel auffuhr?" – Schweigen in der Runde. Endlich sagt einer sehr zaghaft: „Tschüss."

Religion für Muttis

Jochen (fast 5) war den ganzen Tag über bockig, am Ende hatten die Kinder ein wichtiges Teil der Nähmaschine zerbrochen. Ich war sauer und ziemlich wortkarg, was sich Jochen sehr zu Herzen nahm: „Mutti, im Kindergarten haben sie heute vorgelesen, dass man auch seinen schlimmsten Feinden vergeben muss."

Biblisches Zahlenspiel

Bei der Vorbereitung zur Erstkommunion meiner Enkelin ist auch deren evangelische Freundin Sarah als Gast dabei. Der katholische Pfarrer begrüßt sie freundlich und sagt: „Wo zwei oder drei in meinem Namen beisammen sind, da bin ich mitten unter ihnen." Sarah muss über diesen Satz viel nachdenken und auf dem Nachhauseweg fragt sie die Mutter ihrer Freundin: „Sag mal, waren wir jetzt wirklich genau zweihundertdrei Menschen in der Kirche?"

Bibel modern

In einer 5. Klasse des Gymnasiums fragt der Religionslehrer: „Wie werden Abraham, Isaak und Jakob oft genannt?" Er wartet auf die Antwort „Erzväter", aber stattdessen sagt einer: „Eisenopas".

Warten auf Oma

Die Oma von Uli (4) war gestorben. Als er zum ersten Mal wieder in ihr Haus kommt, fragt er: „Wo ist die Oma?" Seine Tante sagt: „Die ist beim lieben Gott im Himmel." Darauf Uli: „Oh, da braucht sie aber lange, bis sie mit dem Fallschirm wieder unten ist."

Der etwas andere Christbaumschmuck

Es ist vier Wochen nach Weihnachten, der Christbaum steht noch, da sagt Jochen (2): „Mutti, wenn der Jochen über die Straße läuft, dann kommt ein Auto, dann ist der Jochen tot, dann kommt er zum lieben Gott. Dann wird der Jochen in den Himmel geschiebt." Mutti: „Dann wirst du ein Engelein." Jochen denkt nach: „Dann hängt der Jochen bei der Mutti am Weihnachtsbaum."

Unmöb(!)lich

Die Mutter betet mit den Kindern (3 und 4) zum ersten Mal das Vaterunser. Die Kleine schaut sich danach im Zimmer um und fragt ernst und verwundert: „Mama, du sagst ‚erlöse uns von den Möbeln'?"

Undichte Wolken

Ich bete mit Fabian (2) am Abend und sage zum Schluss: „So, wir schlafen jetzt und der liebe Gott passt auf." Fabian hat eine überraschende Fortsetzung: „… damit er nicht runterfällt."

Variationen

Beim Adventsliedersingen war „Macht hoch die Tür" das Lieblingslied der Kinder, allerdings mit einigen Variationen. Stephan (4) singt: „… dein halber (statt Heiliger) Geist uns führ und leit …" und fragt: „Mami, was heißt denn das ‚Gelobet sei mein Gott, mein Tröster früh im Sport' (statt ‚Tröster früh und spat')?" Und Christoph (2) singt, wohl noch beeindruckt von der Weihnachtsbäckerei: „Tomm, oh mein Heiland Jesus Christ, mein's Herzens Tür im Ofen ist (statt ‚dir offen ist')."

Spaß-Religion

Das Abendgebet „Vater, lass die Augen dein über meinem Bette sein" hört sich bei Luisa (2 1/2) so an: „Vater, lass mich lustig sein!"

Wenig Nährwert

Unser kleiner Nachbarjunge wollte mit mir in die Kirche gehen. Ich nahm Max auch zur Kommunion mit nach vorne, wo er allerdings keine Hostie bekam, sondern gesegnet wurde. Beim Zurückgehen sagte er sehr laut: „Du bekommst etwas zum Essen und mir macht er bloß ein Kreuz aufs Hirn."

Robin Hood soll leben

Johannes (3) spricht sein Abendgebet: „Bitte, lieber Gott, mach doch den Robin Hood wieder lebendig."

„Ein Mann in der Wohnung stört doch nur"

Dewegen soll die Lieblingslehrerin nicht heiraten, meint ein Bub.
Zu den Themen „Mann–Frau", „Beziehungskisten",
„Geschlechterrollen" und „Aufklärung" gibt es allerdings
die verschiedensten Aussagen.

Mobile Brust

Unsere Tochter war gerade beim Stillen, als ihre Töchter aus einem anderen Zimmer riefen, die Mama solle zu ihnen kommen. Steven (7) sagte: „Gell, Mutti, wenn du die Brust abschrauben könntest, dann könnte ich unser Baby weiterfüttern, und du könntest zu Janine und Jennifer kommen."

Veredelung

Christoph und Stephan bekommen ein Schwesterchen. Sie freuen sich darüber, aber eigentlich wäre ihnen ein Brüderchen lieber gewesen, und schon haben sie eine Idee: „Wir erziehen Barbara so frech, dass sie ein Junge wird."

Bigamie

Als unser „Großer" Konfirmation hatte, kam meine Cousine für mehrere Tage zu Besuch, um mir bei den Festvorbereitungen zu helfen. Bei ihrer Abreise hatte mein Mann unseren Vierjährigen auf dem Arm. Beim Verabschieden schluchzte er untröstlich: „Ach Vati, ich hätte doch so gern auch mal zwei Frauen gehabt."

Babykauf

Mit Tobias (3 1/2) saß ich im Wartezimmer beim Zahnarzt. Da noch eine Mutter mit einem gleichaltrigen Kind da war, führte Tobias allerhand auf, um sich zu produzieren. Die Frau fragte ihn, ob er schon ein Geschwisterchen habe. Tobias: „Ach nein, das muss mir meine Mama erst kaufen."

Schlagfertig

Die Oma sprach mit ihrer Enkelin über einen Exhibitionisten, der sich in der Gegend vor Kindern gezeigt hatte. Sie fragte: „Was würdest du sagen, wenn er dir begegnet?" „Packen Sie ihre Sachen wieder ein und verschwinden Sie!"

Nicht mehr brüten, Mama

Mit Alexander (5) stand ich an der Kasse des Supermarkts. Ich legte eine Schachtel mit 10 Eiern auf das Band. Alexander sehr laut und somit für alle Wartenden gut verständlich: „Mama, wieso brauchst du noch sooo viele Eier, du hast doch schon drei Kinder."

Jedem Kind sein Papa

Im Streit sagt Katharina (4) zu ihrer Schwester: „Das ist mein Papa und nicht dein Papa."

Was ist homosexuell?

Robert (8) zu seinem Vater: „Papa, was ist eigentlich Homosexualität?" Der Vater versucht wortreich sein Bestes. Robert hört sich das eine Weile an, dann sagt er: „Ist das das gleiche wie schwul?" Vater: „So kann man auch sagen." Robert: „Das hättest du auch gleich sagen können. Was schwul ist, das weiß ich."

Die Mama wird's scho richtn

Stefan (3) war bei seinem Freund Michael zu Besuch. Da sah er, wie Michaels Papa Geschirr spülte. Er war sehr erstaunt und fragte ihn: „Hast du keine Mama? Bei uns macht das alles die Mama."

Es geht um die Sache

Martin (10): „Ich bin ein Freund des Sports, aber kein Freund der Sportlehrerin."

Klare Verhältnisse

Eine Besucherin unterhielt sich mit unserer Tochter (4), dann sagte sie zu mir: „Die ist ganz der Vater." Die Kleine protestierte energisch: „Ich bin doch nicht der Vater, ich bin die Tochter."

Behalte deine Frau selber

Beim Mittagessen kam das Gespräch auf die Frage, wer von den Kindern einmal wen heiratet. Unser Ältester (16) sagte zu unserem Jüngsten: „Na, du heiratest mal deine Mutter." Ich als Vater unterstützte diesen Vorschlag. Da sagte der Kleine zu mir: „Du hast sie gewollt, dann behältst du sie auch."

Laufwunder

Theresa (5) hat bei der Großmutter den Küken beim Ausschlüpfen zugesehen und gestaunt, wie schnell die laufen können. Nun soll sie in wenigen Wochen ein Brüderchen bekommen. Besorgt sagt sie zu ihrem großen Bruder: „Wir müssen aufpassen, wenn das Baby kommt, damit es uns nicht wegläuft."

Himmlisches Kind

Mirko (4): „Mama, stimmt es, dass alle Kinder aus dem Himmel kommen?" „Nein, die Kinder kommen aus dem Mamabauch." „Dann hast du mich wohl im Himmel gegessen?"

Engeljagd

Anne (3) betrachtet das Hochzeitsbild ihrer Eltern. Ihre Mutter als Braut muss es ihr besonders angetan haben: „Papa hat einen Engel fangt."

Wertvolles Einzelstück

Die kleine Angelika sinniert: in ihrer Familie gibt es alle Menschen paarweise. Mama und Papa gehören zusammen, Oma und Opa gibt es sogar zweimal, die Mama und der Papa haben jeweils zwei Schwestern, also gibt es auch die Tanten paarweise. Nur der Onkel Martin ist eine Ausnahme, den gibt es nur einmal. Angelika: „Gell, Mama, der ist kostbar."

Fruchtbare Unfälle

Bei seiner Geburtstagsfeier erzählt der jüngste Enkel seiner Oma: „Ich bin auch ein Unfall wie Mama."

Verständigungsprobleme

Meiner Tochter Judith erklärte ich, dass meine Eltern geschieden seien. „Warum denn?" „Weil sie sich nicht mehr verstanden haben." „Dann haben sie wohl Englisch gesprochen."

Störfaktor Mann

Michaels Lehrerin ist jung und beliebt. Er (10) stellt fest: „Die kann nicht heiraten, weil sonst ihr Mann in der Wohnung ist. Und der stört nur!"

Kampf der Geschlechter

Dominik, Stefan, Florian und Evi spielen im Kindergarten das Angelspiel „Nachbars Kirschen". Lena und Berit fragen, ob sie beim nächsten Mal mitspielen dürfen. Dominik: „Ja, aber die zwei Weiber sollen verlieren."

Engeljagd

Vom Mädchen zur Frau

Beim Baden sieht Nina (4) einen Pickel auf Mamas Po. Sie fragt: „Krieg ich so was auch mal als Frau?"

Vom Mädchen zum Mann

Im Auto sagt Luisa (3) plötzlich: „Ich glaub, ich werd ein Mann." Mimik des Erstaunens beim Vater. Luisa zeigt auf ihre Beine und erklärt: „Weil da Haare sind."

Geschlechtsneutral: das Kind

Marius (4) in der Badewanne: „Aylin hat keinen Puller (Penis)." Er steckt seinen zwischen die Beine und sagt: „Jetzt habe ich auch keinen mehr, jetzt bin ich einfach ein Kind."

Ganz wie auf dem Titelbild

Maja sagt beim Spielen vollkommen unvermittelt zu Jan: „Frauen haben ganz ganz viele und ganz große Brüste."

Heikle Frage

Nina (2 1/2) ist mit ihrem Stoffäffchen bei ihrer Freundin Milena zum Spielen. Die fragt unvermittelt: „Hast du einen Penis?" Nina: „Nein, einen Affen."

Freie Auswahl

Weil für Nina (3) ein Geschwisterchen unterwegs ist, wird sie von Mama gefragt: „Möchtest du lieber ein Brüderchen oder ein Schwesterchen?" Darauf Nina: „Ach Mama, da machen wir uns jetzt noch keine Gedanken. Wenn's so weit ist, dann gehen wir ins Krankenhaus und dann schauen wir sie uns an und welches uns dann gefällt, das nehmen wir mit heim."

Babyboom

Luisa besucht Schwesterchen Teresa erstmals im Klinikum Kulmbach. Mama, die am Morgen entbunden hat, sagt nach einiger Zeit: „Schau mal, die Mami hat immer noch so einen Dickbauch." Luisa hakt nach: „Kommt da der Bruder jetzt?"

„Du bist eine ganz normale Meckertante und keine Mutter"

Oft werden Kinder kritisiert, aber sie kritisieren zurück.
Sie verteidigen sich und erfinden Ausreden – zum Staunen!

Meine Nerven!

Nach einer lautstarken Auseinandersetzung mit ihrer Mama saß meine Nichte Nele (6) völlig aufgelöst in ihrem Zimmer. Auf meine Frage, warum sie denn gar so laut heule, kam die Erklärung: „Wenn die Mama so rumschreit, krieg ich immer einen Nervenzusammenbruch."

Immer derselbe

Opa und Papa waren unterwegs, Opa kommt als erster wieder heim. Lotte (2 1/2) fragt: „Opa, wo trödelt denn der Papa wieder rum?"

Selbsterkenntnis

Oma lässt zweimal ein Buch fallen und schimpft: „Ach, bin ich ein Depp." Micha: „Das kann man laut sagen."

Neue Moral

Während ich telefoniere, beobachte ich, wie Tobias (4) sich vom gedeckten Abendbrottisch ein Stück Käse stibitzt. Nach dem Gespräch ermahne ich ihn: „Das möchte ich aber nicht mehr sehen!" „Nein, Mama", sagt er schuldbewußt, „das mache ich auch nimmer, wenn du zuschaust."

Retourkutsche

Mutti: „Du bist ein kleiner Bub." Michael: „Und du ein altes Mädchen."

Prioritätenliste

Rainer (3 1/2) soll sich die Schuhe selbst anziehen. „Das kann ich nicht." „Dann versuch's doch mal!" „Mutti, erst lerne ich schwimmen, dann Geige spielen, dann ‚Alle meine Entchen', und dann ziehe ich die Schuhe allein an."

Psychokrieg

Danilo (3 1/2) klopft mit seinem Hämmerchen dauernd auf den Boden. Ich sage wiederholt, er solle aufhören. Er: „Mama, ich sag mal was. Wenn du mit dem Aufhören-Sagen nicht aufhörst, dann klopf ich weiter."

Mich, mir, dir

Oma: „Wem gehört der Pullover?" Bernhard (3): „Mich." „Du sollst sagen mir." „Nein, dir ist er zu klein."

Lernen mit Pfiff

Die Mutter zu ihrem Dreijährigen: „Sag mal ‚Schiff‘." Antwort: „Pfiff." Weil ihr das so gut gefallen hatte mit dem „Pfiff", wollte sie es noch mal provozieren: „Sag mal ‚Schiff‘." Antwort: „Boot".

Dummes Gerede

Mein Patenkind Kirstin (5) bereitete mit mir in der elterlichen Wohnung das Mittagessen. Kirstin war hungrig und wollte schnellstens mit dem Essen beginnen. Als ich sie belehrte, wir müssten noch warten, bis Mama mit dem Wäscheaufhängen fertig sei und Papa die Gartenarbeit beendet hätte, belehrte sie mich ihrerseits: „Aber Tante Ines, du erzählst heute wieder einen Stuss!"

Kopffüßler

Anna (3) läuft mit den Schuhen auf dem Sofa herum. Ich sage: „Lauf doch nicht mit den Schuhen auf dem Polster herum!" Darauf sie ganz empört: „Soll ich mit dem Kopf laufen?"

Falsches Lamm

Stephan (3) ist für drei Tage bei seiner Patin. Morgens fragt er: „Erika, was gibt es denn heute Mittag?" „Lammbraten." „Lamm ess ich nicht." „Also gut, dann gibt es Kalbsbraten." Nach dem Essen sagt er: „Erika, wenn ich nicht wüsste, dass es Kalbsbraten ist, würde ich sagen, es ist Lamm." – Nie wieder hat Erika einen Lammbraten als Kalbsbraten ausgegeben.

Entwicklungspsychologie

Danilo (2) wirft den Untersetzer durch die Küche. Ich ermahne ihn: „Danilo, das macht man nicht." Antwort: „Kinder machen das so."

Unbewältigte Vergangenheit

Die Lehrerin ermahnt die Kinder, nicht so frech zu sein. Andreas: „Du warst sicher auch frech, wie du klein warst."

Was Jochen darf, darf Papa noch lange nicht

Jochen (2½) möchte ständig Erzählungen hören, nach jedem Satz fragt er „warum?". Der Vati fordert ihn auf, selbst mal etwas zu erzählen. Jochen beginnt: „Schneewittchen, wie es gerade umfällt." Vati: „Warum?" Jochen: „Vatile, da kann man nicht ‚warum' fragen."

Messer, Gabel, Schere, Licht …

Mami fällt aus dem Regal ein gefülltes Gurkenglas auf den Zeh. Sie jammert. Stephan (3) streng: „Is für kleine Mamis nix!"

Klare Sicht

Freispielzeit im Hof des Kindergartens. Viele Kinder malen mit Begeisterung in den Sand. Diana sagt zur Kindergärtnerin: „Was hab ich da gemalt?" „Ich kann das nicht recht sehen." Darauf sagt Diana etwas im Dialekt, die Kindergärtnerin versteht nur das Wort „Brille" und antwortet: „Ich hab doch meine Brille immer auf." Darauf Diana sehr energisch: „Ich hab aber gesagt, du sollst sie runtertun, dann siehst vielleicht besser."

Normale Nudel

Mutter zu Rebekka (3): „Du dicke Nudel." „Ich bin keine dicke Nudel, ich bin eine normale Nudel."

Der kleine Lauschangriff

Nach einer Meinungsverschiedenheit werde ich von Tobias (4) mit einer Ladung neuer Schimpfwörter bedacht. Ich bin empört: „Als Kind habe ich aber zu Omi nicht so freche Wörter gesagt." Zornig gibt er zurück: „Jetzt schwindelst du auch noch. Du bist auch sehr frech gewesen. Ich weiß das genau, weil ich ganz klein in deinem Bauch gesessen und immer alles gehört habe."

Wachstumsgarantie

Oma zu Nicki (3): „Du bist ja schon wieder gewachsen." Er: „Na und, Oma, soll ich vielleicht schrumpfen?"

Missglückte Mutterrolle

Julius zu seiner Mutter: „Du bist eine ganz normale Meckertante und keine Mutter."

Hunger verschluckt

Die Mutter ermahnt Karl beim Abendessen, auch sein Brot zu essen. Er verteidigt sich: „Ich habe keinen Brothunger mehr, den habe ich mit den Würstchen zusammen hinuntergeschluckt."

Übertreibung entlarvt

Uli hat nicht genug geschlafen und ist unerträglich. Ich sage ihr das auch: „Mausi, du bist wieder mal unerträglich." Uli: „Du tust ja so, als müsstest du mich den ganzen Tag rumtragen."

Fürsorge

Jochen (5) hat rundum im Wohnzimmer Puderzucker ausgestreut. Ich stellte ihn zur Rede. Er verteidigte sich. „Mutti, auf dem Teppich ist nichts, weil ich ja weiß, wie schlecht es da weggeht."

Muttertag macht Kinder froh

Silke (4) ist für ein paar Tage bei ihrer Oma zu Besuch. In diese Zeit fällt der Muttertag. Man spricht über diesen Tag. Später hört Oma, wie Silke ihrer Freundin Sabine erklärt: „Jetzt sind wir aber froh, dass wir unsere Mütter für ein paar Tage los sind, die reden uns doch bloß immer drein."

Gewissensfrage

Ich sage zu Danilo(3 1/2): „Ich freue mich so, dass du schon so groß bist. Jetzt bist du bald ein Kindergartenkind." Er: „Du freust dich, weil ich dann weg bin?"

Mamas sind keine Menschen

Während eines Telefonats quakte meine Aurelia (4) dauernd dazwischen. Schließlich platzte mir der Kragen: „Horch zu! Ich möchte jetzt zu Ende telefonieren. Warte und sei still! Es reicht mir jetzt. Ich bin schließlich auch nur ein Mensch." Aurelia schaute mich genauso streng an und mit energischer Stimme sagte sie: „Nein! Du bist kein Mensch! Du bist eine Mama."

Eigeninitiative

Nach dem Kindergarten stellt Angelika empört fest: „Wir tun dem Bernhard immer nie was, der haut uns freiwillig."

„Ich will schicke Pampers anziehen"

Schon die Kleinsten sind mode- und vor allem selbstbewusst,
Gott sei Dank! Hoffentlich können sie sich
auch in Zukunft behaupten.

Bedarf gedeckt

Christina (4) fragte ihren Cousin Tobias (3): „Willst du mein Freund sein?" Tobias antwortete betont cool: „Ph, ich habe meine Mama und meinen Papa und meine Apfelschorle."

Männer überflüssig

Maja sitzt als letzte beim Nachtisch. Zivi Jan will ihr beim Auskratzen helfen. Sie wehrt ab: „Ich kann alleine essen, ich brauche keine Männer."

Aufsichtspflicht erfüllt

Stefan (2 1/2) fährt sehr gerne Dreirad. Er wird oft ermahnt, aufzupassen, damit ihm nichts passiert. Einmal wollte Mama ihn ein wenig ärgern und setzte sich auf sein Dreirad, da rief er: „Mama, du nicht! Das ist gefährlich."

Der Anfang ist gemacht

Miriam (3) kann noch nicht schwimmen, will aber ohne Schwimmflügel ins Wasser. Papa lässt sie und prompt taucht sie unter. Papa zieht sie wieder hoch. Miriam unerschrocken: „Aber tauchen kann ich schon."

Ich bin, was ich bin

Beim Essen war Friedrich (4) sehr weinerlich. Der Vater belegte ihn mit allerlei Ausdrücken, die ihn als „Weichei" ausweisen sollten. Da hörte er auf zu weinen, schaute seine Mutter an und sagte: „Gell, Mutti, ich bin net des, was der Vater sagt. Ich bin, was ich bin."

Mächtiges Wort

Katharina badet zum ersten Mal im Meer. Als die Ebbe kommt, ruft sie laut: „Meer, bleib da!"

Auf geht's

Miriam (3) fährt mit Oma und Opa im Auto. Ständig fragt sie, wann denn die Autobahn kommt. Außerdem erklärt sie, dass es gefährlich sei zu rasen, weil etwas passieren könnte. Als wir endlich auf der Autobahn sind, legt sie sich zufrieden zurück und sagt: „Jetzt können wir endlich rasen."

Mächtiges Wort

Ersatzhandlung

Claudia (4) sollte mit zur Uroma gehen. Die Begeisterung über den geplanten Besuch hielt sich sehr in Grenzen: „Ich bleib lieber daheim und trinke ein Weizenbier."

Lebensplanung

Christoph und Stephan spielen leidenschaftlich gerne Fußball. In den Pausen gibt es manchmal „Interviews". Christoph: „Willst du eigentlich mal Fußballprofi werden?" Stephan: „Nee, ich werde Astronaut, dann heirate ich die Julia, und in der Rakete kriegen wir unsere Kinder, und wenn ich zu alt bin, werde ich Bundespräsident."

Babymode

Stephan (2) bekommt Besuch von Theresa (1 1/2). Im Blick auf den Besuch einer Dame verlangt er: „Schicke Pampers anziehen."

Der Experte

Im Franz-Marc-Museum am Kochelsee bewundern wir das berühmte Bild „Die blauen Pferde". Tobias (5) bleibt lange davor stehen, sieht sich das Gemälde intensiv an und befindet schließlich: „So ganz gelungen ist es ihm aber nicht."

Redekunst

Petra erhielt im Jahreszeugnis nur eine 3 im Betragen, „fürs viele Schwätzen", wie ihr die Lehrerin erklärte. Beim Nachhausekommen jubelte Petra ihrer Mutter schon von weitem zu: „Ich hab im Schwätzen einen Dreier gekriegt."

Lob für Mama

Andrea (2): „Will Tee haben." Mama: „Das heißt: Gib mir bitte Tee." Andrea: „Ja, so ist's richtig."

Ihr Leben war Arbeit

Ich hatte gerade wieder begonnen, zu arbeiten, als ich Carolin (2) eines Nachmittags von der Oma abholte und schnell noch mit ihr zum Supermarkt fuhr. An der Kasse war sie schon recht quengelig. Die nette Verkäuferin fragte sie: „Magst du ein Bonbon?" Carolin entrüstet: „Ich? Ich hab fei keine Zeit, ich muss jeden Tag in die Arbeit."

Frommer Wunsch

Franziska (7) ist zweite Klassensprecherin. Ihr frommer Wunsch im Blick auf Peter, den ersten Klassensprecher: „Hoffentlich wird er endlich mal krank, dann kann ich ihn richtig vertreten."

Hier düngt der Gärtner selbst

Bernd (7) pinkelt ins Gartenbeet. Die Nachbarsfrau sieht es und ruft empört: „Was machst du denn da?" „Das ist u n s e r Salat."

Mami-Erziehung

Stephan (3) erzählt Mami eine Geschichte. Mami schaut dabei auf seine Füße und zieht ihm Strümpfe an. Sie hört aber genau zu und antwortet bei einer Frage auch richtig: „Ja." Stephan erzählt das ganze noch einmal, und Mami sagt wieder: „Ja." Da fasst er Mami plötzlich unter dem Kinn und sagt ganz streng: „Nun sieh' mich mal an und hör' mir gut zu!"

Kindertag

Nina (3) hat mitbekommen, dass es einen Vatertag und einen Muttertag gibt. Sie fragt: „Wann ist Kindertag?"

Korrekte Sprache

Davids (3) Freund aus der Nachbarschaft spricht wunderschö-nen Dialekt. David bittet seinen Vater um Aufklärung (das „r" lässt er beharrlich weg): „Wa-um spicht de Flolian so komisch?" Die kor-rekte Erwiderung lautet: „Der Florian spricht Fränkisch." Darauf David bestimmt: „Ich spech abe Deutsch."

Selbst ist der Papa

Papa und Dominik (4) „arbeiten" fleißig zusammen in der Werkstatt. Plötzlich legt Dominik den Schraubenzieher weg und sagt: „So, jetzt gehe ich ins Wäldchen spielen. Wenn du mich jetzt brauchst, musst du es leider selber machen."

Hier spricht der Chef

Stephan (3) stellt sich mit amtlicher Miene vor unserer Kinder-betreuerin auf: „Wann kommen Sie wieder?" Als sie ihm das gesagt hat, meint er lapidar. „Du kannst jetzt gehen."

Eine Frage der Priorität

Danilo (3 1/2) fährt konzentriert mit dem Tieflader im Wohnzimmer herum, dabei hat er den Teppich verschoben. Ich bitte ihn, den wieder zurechtzurücken. Seine Antwort: „Mama, ich hab jetzt andere Sorgen."

Ewiger Zweiter

Florian (5) nach einem Wettrennen: „Ich hab alle überholt, nur mich nicht, weil ich nämlich schneller war."

Papst Heinz I

Wir haben in der Familie eine Nonne, die in einem Kloster in Rom lebt. Bei einem Besuch erzählt sie von dort und von einer Audienz beim Papst. Meine kleine Tochter Anja ist begeistert: „Ich gehe auch mal ins Kloster nach Rom." Einige Wochen später spielt sie mit den Nachbarskindern. Danach verkündet sie mir: „Mama, ich heirate einmal den Heinz." Ich gebe mich erstaunt: „Ich denke, du willst ins Kloster nach Rom." Anja: „Ach, da wird der Heinz einfach Papst."

Maria und die „3"

Maria geht in die erste Klasse. Sie kommt aus der Schule heim und erzählt: „Wir haben heute Schreibprobe gehabt und die Stefanie hat eine 5 bekommen und die Cäcilia eine 2 und die Annelie eine 4." „Und was hast du bekommen?" „Ich habe ,beruhigend'."

Fremdsprachen – leicht gemacht

Unsere Nachbarn hatten Besuch aus Australien. Cristina spielte jeden Tag mit dem kleinen Mädchen, das mitgekommen war. Ich fragte Cristina: „Versteht dich auch das Mädchen, wenn du sprichst, sie kann doch kein Deutsch?" Cristina antwortete: „Da roll ich meine Zunge a bissla zamm, dann versteht sie mich schon."

Event auf dem Dach

Mit Opa ist David (4) beim Indianerspielen auf Kriegspfad. Der alte Häuptling schießt einen Pfeil aufs Garagendach. Er hebt David hinauf, damit der das Geschoss wieder holt. Als er wieder unten ist, verkündet er: „So, das war mein erstes Erlebnis auf einem Dach."

Singen ist besser denn lesen

Miriam (3) ist mit Oma in der Kirche und möchte auch ein Gesangbuch haben. Oma wehrt ab: „Du brauchst kein Gesangbuch. Du kannst ja noch nicht lesen." „... aber singen", kontert die Kleine.

Das neue Bahnsystem

Bertram (8) darf in den Ferien mit dem Zug zur Oma fahren. Er will sich am Automaten den Fahrschein selber lösen. Er drückt die Taste „8". Der Vater sieht den Fehler: „Nein! Du musst die Taste ‚7' drücken." „Aber Papa, ich bin doch schon 8 Jahre alt."

„Mama, warum fahren die Hähnchen Karussell?"

Im Angesicht einer Hähnchenbraterei kommen heiße Fragen.
In diesem Kapitel wird alles „verbraten", was vorher
(sehr zu Unrecht!) noch keinen Platz gefunden hat.

Rettet „Tante Emma"

In der Kleinstadt gibt es noch einen „Tante-Emma-Laden", für dessen Erhalt sich auch der Bürgermeister des öfteren eingesetzt hat. Am Samstagmorgen erscheint der kleine Sohn des Bürgermeisters im Laden und sagt: „Wir brauchen eine Kondensmilch zum Kaffee, nachher fahren wir einkaufen zum Aldi."

Am besten nicht hingehen

Bei seinem Abschiedsgottesdienst sagte unser Dekan: „Heute war für uns alle ein festlicher Tag, morgen beginnt wieder der Alltag." Mein kleiner Sohn fragte mich: „Gehen wir da auch hin?"

Tierischer Vergleich

Anna (3) sieht ihre Babybilder an und stellt fest: „Da noch Flasche trunken." Die Mama: „Ja, und gestillt worden bist du auch." Anna: „Wie a Kuh."

Zuviel Nächstenliebe

Johannes (8) fuhr mit seiner Mama mit dem Zug in die Stadt. Am Bahnhof saß ein Bettler, die Mama gab ihm ein Geldstück. Einige Meter weiter saß eine Frau mit drei Kindern, die ebenfalls bettelte. Auch ihr gab die Mama ein Geldstück. Da sagte Johannes: „Mama, jetzt gehen wir aber schnell weiter, denn wenn das so zugeht, dann sitzen wir auch bald hier und müssen betteln."

Was ist Arbeit?

Renate (4) kommt in den Kindergarten und fragt die Erzieherin: „Meine Mama ist in die Arbeit gegangen. Sag, arbeitest du auch manchmal?"

Wackliges

Stephan (1¾): „Stephan wackelt." Papi: „Sag' mal: ich wackele." Stephan: „Papi wackelt."

Kleiner machen Leute

Dominik (4) beim Hören eines Liedes vom Cassettenrekorder: „Ich würde ja gerne auf der Cassette mitsingen, aber ich weiß nicht, wie ich da hineinkomme."

Hosenjammer

Anna kann sich nicht entscheiden, was sie anziehen soll. Sie ist sehr wählerisch, und wenn ihr was nicht gefällt, kommt das große Jammern. Ich schlage ihr vor, dass ich ihr eine Hose aussuche. Daraufhin sie: „Aber nimm eine, wo ich net so jammern muss."

Wo saß die Pudelmütze?

Mit meinem Sohn (3) machte ich einen Winterspaziergang, es war bitter kalt. Daheim gab er der Oma Bericht: „… und dann habe ich noch ein Wissi gemacht." Die Oma fragt besorgt: „Hat es dich dabei nicht gefroren?" „Nein, ich habe eine Pudelmütze aufgehabt."

Goethe aktuell

Vater nimmt seine Friedegard (3) auf den Arm und spricht mit tiefer Stimme: „Wer reitet so spät durch Nacht und Wind …" Friedegard darauf kläglich: „Papa, ich bin das nicht gewesen."

Call-Opa

Die Oma hatte eine neue Kaffeemaschine kaufen wollen und ich hatte ihr Geld dafür gegeben, was meine Enkelin Sabrina mit großem Interesse beobachtet hatte. Als ich tags darauf daheim anrief, war Sabrina am Telefon und rief die Oma: „Oma, kimm schnell, da ist der Mo am Telefon, der immer für Geld zu dir kimmt!"

Unbegreiflich

Die Lehrerin liest in der 1. Klasse eine Geschichte vor. Dominik: „Du kannst aber gut lesen." „Ich gehe ja auch schon mein Leben lang in die Schule." „Oje! Des gibt's doch net."

Baukrise

Danilo (3 1/2) baut einen Turm, der fällt dreimal zusammen. Er schimpft mit den Bausteinen: „Warum fallt ihr immer wieder um, ihr denkt wohl, ich plag mich umsonst?"

Immer dasselbe

Nach der Geburt seines Brüderchens Jonas macht sich David (6) gewisse Sorgen: „Jetzt geht das wieder von vorne los mit dem Erklären ‚das ist ein Stuhl, dort ist ein Tisch'."

Auf der Suche nach dem Schlaf

Danilo (2) soll Mittagsschlaf halten, aber er läuft immer wieder aus dem Zimmer und sagt: „Danilo findet den Schlaf nicht."

Hänsels Ende

Nach einer Vorstellung von „Hänsel und Gretel" bekommen die Kinder Lebkuchenherzen mit Papierbildern von Hänsel und Gretel geschenkt. Während Angelika ihre Gretel als Andenken fürsorglich hütet, betrachtet Marielena ihren Hänsel so gründlich mit den Fingern, dass er bald einem alten Taschentuch gleicht. Mitleidig schaut sie ihn an und meint: „Ist schon ganz lappert, der Hänsel." Dann knüllt sie ihn kurz entschlossen zusammen: „Das hat er nun davon."

Klebrige Politik

Wir sitzen am Tisch und unterhalten uns angeregt über Politik, auch Eva (6) macht mit. Nur Franziska (4) ist offenbar nicht so konzentriert dabei, denn sie sagt mittendrin: „Gell, Tesa klebt immer?"

Die Wandlungen des Quasimodo

Vor einigen Jahren lief im Kino der Film „Der Glöckner von Notre Dame". Meine Zwillinge (8) fragten mich: „Mama, gehen wir ins Kino?" Ich fragte, was gespielt werde, und einer antwortete: „Der Klempner von Amsterdam."

Hilfe, ich bin im Fernsehen

Die Familie sieht eine Ratesendung im Fernsehen. Die Mutter fragt ihre kleine Tochter: „Möchtest du bei so was nicht auch mitmachen?" „Ja, schon, aber wie komm ich da wieder raus?"

Gefährliches Gebäck

Als Zugereiste aus Thüringen hatten wir es mit manchen Ausdrücken in Franken nicht leicht. So gab es in der Bäckerei ein Kuchenstück, das hier „Maulschelle" heißt. Mein Kleiner hatte das schon mehrfach bekommen. Es schmeckte ihm so gut, dass er es bald selbst verlangte. Er sagte zur Bäckersfrau: „Und ich bekomme eine Ohrfeige."

Die Wandlungen des Quasimodo

Fast kein Unterschied

Simon (2) schaut Weihnachtsfotos an und sagt: „Gell Mama, da war Weinfest."

Beschämend

Thomas (5), als sein Brüderchen (2 1/2) wieder einmal in die Hose gemacht hat: „Oma, der Ralf muss sich ja einmal schämen vor seiner Frau, wenn er fort noch in die Hose macht."

Schlechte Akustik

Rüdiger (2) thronte auf seinem Töpfchen. Nach einer Weile der Ruf nach der Mutter: „Komm doch endlich, ich kann den Gestank nicht mehr anhören."

Heißes Karussell

Julius (5) vor der Hähnchen-Bude: „Mama, warum fahren die Hähnchen Karussell?"

Wie rund ist ein Quadrat?

Opa kommt nach Haus und erzählt: „Der Fußballplatz wird jetzt rundherum mit Bäumen bepflanzt." Darauf Enkel Matthias (4): „Aber der ist doch eckig und nicht rund."

Rassismus

Unsere Nachbarn mussten aus beruflichen Gründen für fünf Jahre nach Amerika. Das erzählte ich meinem Enkel Christopher. Der fragte entsetzt: „Sind das dann Neger, wenn sie wiederkommen?"

Schlechte Rolle

Antonia (3) hat Durchfall. Ihre Mutter putzt sie ab, Schwesterchen Lucia schaut zu. Da fragt Antonia: „Lucia, möchtest du gerne ein Klopapier sein?" „Nein." „Ich aa net."

Stuhlprobleme

Ein Zappelphilipp erzählt in der Schule von daheim: „Bei uns verrecken immer die Stühle."

Weitere Schmunzelgeschichten